教育技术的跨学科之路译丛

DESIGN FOR LEARNING IN VIRTUAL WORLDS

设计用于学习的虚拟世界

[美] 布莱恩·尼尔森（Brian C. Nelson）
本杰明·厄兰德森（Benjamin E. Erlandson） 著

徐光涛 等译
任友群 审校

华东师范大学出版社

Design for Learning in Virtual Worlds / by Brian C. Nelson, Benjamin E. Erlandson

上海市版权局著作权合同登记图字：09-2012-821号

译丛总序：让更多人成为教育技术的圈内人

如果提及教育思想的起源，我们一般会追溯到东方的孔子和西方的苏格拉底；如果说起教育技术，虽然与教育技术相关的诸如造纸术、印刷术、算盘、早期用于书写的各种笔等的发明都是在古代，大部分人还是会认为这是近代以来才开始发展的专业研究领域。确实，教育技术的发展壮大主要是在近百年内。从20世纪初开始，电影、广播、电视陆续被用于教育，使得用技术普及教育的可能性大大增加了，到了计算机和互联网诞生以后，原本不同类型的教育技术逐步被整合成了计算机和互联网支持下的信息传播技术，特别是进入新世纪以来，像代理技术、云计算、大数据等新技术刚一出现就开始在教育领域得到应用。

大部分人都会承认这是一个教育技术不断发展壮大的时代，按理说，教育技术学科应该能得到足够的重视，其发展壮大自然也不在话下。但是，教育技术学科的发展似乎越来越让人困惑，我国教育技术界的元老南国农先生也表示过类似的疑问。在众多分析和解释中，似乎有两个自相矛盾的观点：一说是，教育技术的学科边界不清楚，导致了学科发展缺少明确路径；另一说是，教育技术的学科壁垒把很多应该参与的跨学科研究者、中小学教师和教育管理者排除在外，导致了学科发展之路越来越窄。似乎教育技术是如此之重要，以至于我们在学科建设时左右为难，都不知道该怎么重视它了。

我认为，把技术和教育在教与学发生的情境中尽可能好地结合起来，是教育技术学科的本职工作。做好了这件事，上文的困惑也就迎刃而解；做不好，则学科不会健康发展，别人也不会接受我们。但要做好这事，却是很不容易的。

技术的发展在不断提速，其变革对人类社会的影响也越来越迅速和深远。虽然技术不是唯一发生变革的东西，但包括教育在内的人的交往方式无疑不断地受到技术成果越来越快的影响。技术加速影响学习、教学、绩效的现实还没有被更多的人所充分认识，对教育、教师教育的投入虽然在增长，但仍有很多人没有充分理解和重视技术的重要性。比如，我们还是很难让大家认识到，培养好的教师、教学设计者、技术支持者、媒体专家和训练师，让他们在不同的境脉下合作起来以便用好技术去服务教育已经是迫在眉睫的事情了。这套译丛在某种程度上希望能为改变目前的局面提供一组教材，也希望能勉力回答上述提到的困惑。

近十多年来，我主持和参与的翻译工作已然不少，不过大部分是给教育技术的学术圈内人看的。这次，我确实希望能看到更深入浅出的作品，以吸引更多的初学者甚至是有兴趣的圈外人。对圈内人和圈外人的理解并不总是一致的，教育技术学科不能仅仅把本学科的人作为圈内人。我认为，教育决策者、教育实践者（包括学科教师和中小学管理者）、跨学科的教育技术的爱好者都应该成为我们的圈内人，虽然目前很多人并不这么认为。我认为这套译丛就符合这个要求，翻译它们就是希望能达到让更多人来了解这个学科的目的，把更多人变成圈内人。

我是在2009年春天美国圣地亚哥召开的美国教育研究协会（AERA）年会上认识Jonathan Michael Spector教授（后来就一直叫他Mike）的，当时他还与Michael Hannafin教授一起在乔治亚大学学习与绩效支持实验室工作。那时，因为我们已经启动了对美国教育传播技术协会（AECT）编辑的《教育传播与技术研究手册》（第三版）的翻译工作，我已经与作为主编之一的Mike进行了不少的邮件沟通，不过见面还是第一次。Mike给我的感觉就是：一个纯粹的学者，低调谦和，且有点不修边幅。

我们谈论了翻译工作，并涉及了学习科学的兴起和教育技术的发展，他很高兴地接受了我做学术访谈的邀请，在谈及教育技术与相对后起的学习科学之间的关系时，他已经表明了非常开放包容的观点，认为跨学科是这个领域发展的必由之路，自设藩篱的做法是不可取的。我们第二次见面是2011年5月，我去香港大学访问时见到了在那里短期访学的Mike，并且邀请他尽快到中国大陆来。第三次见面是在2012年4月温哥华的AERA年会上，那时我第一次看到了本丛书的前两本，即*Foundations of Educational Technology*和*Design for learning in Virtual Worlds*。

我们最近一次见面是在2013年7月，我们邀请Mike来华东师范大学做客

"大夏讲坛"第123次学术讲座，题目是"新兴技术与学习科学的融合与碰撞"，Mike也第一次来到了中国大陆。在讲座中，他认为能改进教与学的新技术出现得越来越快了，我们对人如何学习的理解也发展得很快，比如，协作学习和问题解决策略的研究及其工具的研发都有了很大进展。更有甚者，类似的在学习过程中及时和充分的反馈和个性化辅导系统的价值都被证明是越来越重要的。互联网已经毫无疑问地改变了我们的思维方式并且在广义上设计了我们的学习环境。但对诸如个性化学习平台和大规模开放在线资源（MOOCs）等被认为是最有力的教育技术的看法上，以及对诸如学习的神经学层面、学习的多任务处理等人类学习的认知神经科学的最重要发现上，人们的分歧也是明显的。讲座后，他还兴奋地给我看即将出版的《教育传播与技术研究手册》（第四版）的校样。我们在2014年初启动了第四版的翻译工作，希望中文版能在2015年夏天与读者见面。

2014年春节前后，Mike又与我就正在编辑的《教育技术百科全书》（*the Encyclopedia of Educational Technology*）中的教育技术史的词条进行了频繁的讨论，有时甚至一天邮件就有好几个来回。在修订词条的过程中，我建议他加入了一些中国20世纪上半叶电化教育发展初期的经典成就，并提出了如下的看法：也就是当我们作为这个专业的从业人员如数家珍地整理着我们的发展历程时，我们是不是也应该请教育行业中的其他人或全社会关心教育的人从更加客观的视角来看一下，教育技术学术共同体百年来的作为到底多大程度上对教育的发展作出了贡献。说得再直白点，如果教育技术为之服务的整个教育界中的很多人都不认为教育技术这门学科与他们的所作所为有什么关系，哪怕这种认识是错误的，我们又怎么能自我陶醉于学科的发展呢？

这套译丛以Mike主编的丛书为基础，紧随着出版的四本书的主题可能是分别关于教与学的动机与技术的问题（Motivation and Technology in Learning and Instruction）、在线学习设计（Online and E-Learning Design），和设计适应性的、个性化的学习环境（Designing Adaptive and Personalized Learning Environments），以及教学项目管理（Instructional Project Management）的。

Mike一辈子浸润在教育技术学科中，对本领域从历史沿革到最新前沿都了然于胸，已经到了把复杂的问题说得简单的境界。对我们涉及过的学术话题，他都是平和详实地侃侃而谈，再复杂的问题也能说得通俗易懂。他这套集子的文风也是这样。我们希望通过这套可读性比较强又突出跨学科的书来吸引更多的人了解教育技术及其作用，我们希望中小学管理者、教师和辅助人员都应该成为这套书的读者。

感谢华东师范大学出版社王焰社长、教育心理分社彭呈军社长的长期支持！

2014年6月于丽娃河畔读不成书斋

丛书前言

“教育技术的跨学科之路”丛书由 Routledge 出版社发行(详见 http://www.routledge.com/books/series/IAET/)。先期出版的两册《教育技术的基础》和《设计用于学习的虚拟世界》,其英文版已经印刷发行。即将出版另外三册,将分别聚焦于动机、非正式学习和项目管理。策划中的更多著作,将会围绕在线学习、个性化学习和项目评估等领域。

本丛书旨在面向未来的专业人员(包括教师和媒体专家),在教学设计、实施、管理和评价的境脉中有效整合技术,提供紧跟时代发展的教材及最新指南,以支持他们的专业发展。丛书特别适合在本科高年级或研究生课程中使用,针对旨在培养未来教育技术人员、教学设计者、学习环境设计人员以及教育媒体人员的课程。丛书中的每一本都采用了 M. David Merrill 提出的首要教学原理框架,强调以问题和任务为中心。所以,每本书都有以下共同特点:

■ 支持多种情境(商业/工业/政府,高教以及基础教育)和多个学科专业(教学设计者,教育技术人员,媒体人员,教师,技术协调员,培训者以及培训开发者和管理者);

■ 通过基于实证的解释和评论,强调最佳实践;

■ 通过综合、连贯的解释,整合多元视角;

■ 以问题为中心,提供详尽的示例和有意义的活动;

■ 通过有意义的、可行的技术整合,强调有效、高效且投入的学和教的各种方式和方法。

本丛书的目的包括:

■ 为丛书中所有主题的内容创建基础的视角和框架;

■ 贯穿始终的系统视角,参考并强调其他文献对相关问题的深入描述;

■ 通过有意义且引人入胜的问题，引出介绍的内容并使读者保持兴趣；

■ 为学习者提供有吸引力的练习和活动，以便于他们的专业成长和累积性电子学档的创建；

■ 开发并行的支持材料数字知识库（示例，链接，补充内容等），借助互联网或其他方式为教师和学习者提供支持。

技术的变化是编写本套丛书的动因。技术改变了人们做什么以及能做什么。当然，技术不是唯一改变的东西。在许多不同的领域都呈现出这样明显的状况，包括教育。然而，出于种种原因，技术在改善学习、绩效和教学方面的效益还没有得到充分、广泛的认识。在教育领域的投入明显落后于卫生保健和工程等其他领域，无可置疑，在这些领域的效益更加明显且易于测量。对于技术在教育领域的潜在效益，缺乏实质性与持续性认识的一个基本原因是相关人员准备不足，包括教师、教学设计者、技术协调员、媒体专家、培训开发者，以及其他在各种教学情境下应用新技术扮演重要角色的人。本丛书针对这些专业人员，为他们的职业准备和持续性的专业发展提供最新且实用的支持。

丛书的作者都是国际知名的学者。出版社对丛书给予了大力支持（丛书第一册的再版合同正在签署中）。中文版的发行充分展示了这套书在教育技术专业领域的重要价值和影响。

乔纳森·迈克尔·斯佩克特
2014 年 1 月 7 日

致谢

布莱恩：本书献给那些塑造了我所理解的教育虚拟世界的人：Chris Dede（虚拟世界专家，也是我的博士生导师），Diane Jass Ketelhut（一个科学学习虚拟世界研究者，我最好的朋友），Jim Gee（教育游戏的研究者和设计者），还有难以置信的 ASU 博士生团队（Kent Slack，Younsu Kim，Cecile Foshee 以及 Andre Denham），关于虚拟世界设计，他们每天都教给我很多。本书也献给我的家人：我的妻子 Akiko Wakao，当年我们还都是研究生，她让我对虚拟世界产生了兴趣，还有我的儿子 Kohei，他总是会想出让课程有趣的好主意。

本杰明：本书写给那些过去、现在和未来致力于为学习创建虚拟世界的勇敢的人。我想把这本书献给我的父亲 Stephen Erlandson，他教会我用登山鞋和一根鱼竿看待这个世界，直到今天还在教诲我。同时，还要献给我的小侄子 Bennett，他帮助我用全新的视角体验这个世界。他还认为我生活在电脑中，这并不完全是错的。

目录

第二部分　虚拟世界中学习和评价的理论基础

第三部分　设计用于学习的虚拟世界的理论观点

第四部分　超越设计:虚拟世界的开发和应用

中译本前言

欢迎阅读《设计用于学习的虚拟世界》中文版。我和本·厄兰德森合力写作本书，以期指导致力于创建和使用虚拟世界以帮助人们学习的设计者、开发者、教师和学生：像你一样的人！本书的目标是提供关于教育和培训中虚拟世界应用的概览，包括四个主要的方面：(1)领域的历史和演化；(2)设计虚拟世界的理论；(3)虚拟世界中的课程设计和评估；(4)许多不同情境中虚拟世界的开发和应用。

我们从对教育虚拟世界领域的介绍开始，聚焦于该领域的定义，着眼于如何运用虚拟世界有效支持学习的优秀实例。接下来，我们进一步介绍了虚拟世界作为学习工具，其设计、开发、应用和评价的一些关键理论。在基于理论的设计之后，我们进入与教育虚拟世界设计相关的实际问题，包括评估、课程设计和评价。最后，我们从设计转到开发和应用，重点关注不同情境中部署虚拟世界的挑战和收获，用于虚拟世界创建的过程模型，以及评估给定虚拟世界应用成功或失败的技巧。

本与我在长期经验中认识到，精心设计的虚拟世界能够成为保证学习和评价公平性的强有力工具。当我们提到公平，我们说的是为所有年龄、文化和背景的学生提供公平的机会，可以使他们以一种公平、有效和可靠的方式开展良好的学习。虚拟世界使之成为可能，学习者可以沉浸在丰富的、情境化的探究空间内，他们可以在其中练习新的技能，应用不断演化的知识解决复杂问题。虚拟世界可以让从未离开过大城市的学习者探索丰富的森林生态系统；还可以让从未进过科学博物馆的学生畅游于虚拟交互式展览；来自全球的工人可以通过多用户空间在真实的情境中协作和培训。

在所有情况下，对聚焦于真实世界概念、内容和过程构建的学习者共同体而言，虚拟世界使创建并持续支持情境学习成为可能。

我们希望本书能够帮助您，作为一名设计者、研究者、教师或者学生，加入我们的行列，创建基于虚拟世界的课程，从而促进所有人公平、愉快并强有力的学习。

布莱恩·尼尔森

坦佩，亚利桑那

2013年12月

译者前言

世界在快速变化之中。作为出生于20世纪70年代的人，儿时的我们每天都离不开电视，每天放学后以及寒暑假大多数时间都与电视相伴。仿佛一眨眼的功夫，30多年过去了，网络多媒体技术彻底改变了人们的学习、工作和生活方式。各式各样的电脑，代替了电视，成为孩子们成长过程中最重要的伙伴。电脑游戏成为孩子们的最爱，尽管很多父母对孩子玩游戏持反对态度，现实中也不乏因游戏成瘾而致学业荒废的个案，但毫无疑问，电脑游戏对如今的孩子们来说无法回避更不可缺少。从20世纪80年代开始，便有学者开始研究将视频游戏用于学习的可能性，并产生了教育游戏、基于游戏的学习等概念。进入21世纪，围绕教育游戏的相关研究和开发，成为教育和技术领域的一大热点，获得了飞速的发展。

汉语"虚拟世界"一词，在日常使用中与"现实世界"相对应，是指虚拟的网络世界，常常与"网络空间"混用。在本书中，虚拟世界是一个基于计算机的三维世界，你可以独自一人或与其他人一起，以虚拟的3D人物化身为载体，以走、飞、乘坐交通工具等各种手段移动，进行漫游和探索，通过文字、图像、声音、视频等各种媒介进行交流。如果所设计开发的虚拟世界是用于学习的，作为一个教育虚拟世界，属于教育游戏的一种。

由哈佛大学Chris Dede教授团队设计开发的"江城"虚拟世界，作为哈佛大学一个有十年历史(1999—2009)的研究项目的一部分，是非常典型并在本领域内产生了深远影响意义的教育虚拟世界。本书著者是该项目团队中的主要成员，参与了"江城"项目的设计开发工作。在哈佛大学获得博士学位后，尼尔森博士一直从事教育虚拟世界相关研究和开发工作，并发表了大量研究论文。可以说，本书是著者对近十年教育虚拟世界相关研究与开发工作系统梳理的结果，是对大量实践经验的总结与提升。我们希望原著作者在教育虚拟世界领域的大量理论和实践智慧能够为国内同行借鉴和吸收，以推进我国教育游戏相关研究和实践跟上国际前沿步伐，这也是我们翻译本书的目的。

感谢华东师范大学出版社的彭呈军先生为本书的翻译与出版所作出的努力，以及为此付出的辛勤工作。

借本书中译本的出版，我要特别感谢我的导师任友群教授，衷心感谢任老师的接纳与包容，以及对我的学术成长之路所给予的指导和帮助。

本书译者的具体分工如下：前言，第二章，第四章，第十章，索引，由徐光涛译；第一章，第六章，第九章，由程佳铭译；第三章，第五章，第八章，由张汉玉译；第七章，由朱晓菁、徐光涛合作翻译；第十一章，由程佳铭、张汉玉合作翻译。最后由徐光涛整理，任友群教授审校。

虽然在翻译过程中我们付出了巨大努力，但必然还会存在遗漏、疏忽之处，恳请广大读者批评指正。

徐光涛

2014 春于丽娃河畔

前言

本书是 Routledge 出版社“教育技术的跨学科之路”系列丛书中的一册。全书围绕我们在“用于学习的虚拟世界”这个领域所做的探索性工作展开,采用了与丛书中其他书籍一样的写作框架,以问题为中心,共分为四大部分。

本书的第一部分给出了虚拟世界教育应用的简介和概述。本部分各章主题包括:虚拟世界的概念界定;在回顾了几个教育虚拟世界实例的基础上梳理了虚拟世界教育应用的简史;讨论了虚拟世界的机制,包含虚拟世界中的空间、运动和交互以及图形用户界面。

第二部分阐述了若干理论观点,从这些理论观点可以断言虚拟世界能够成为强大的学习空间。本章主题包括经常被用来支持虚拟世界教育应用价值的相关学习理论,包括情境学习、建构主义、认知主义以及行为主义;探索了在哪些情境下可以典型性地采用虚拟世界的学习方式,同时围绕那些具有虚拟世界学习体验的学习者群体进行了讨论,概览了虚拟世界中的评价和测量方法。

第三部分为设计用于学习的虚拟世界的操作方法提供了一个更为详细的阐述。本章主题包括:采用现有的虚拟世界作为学习平台的评判框架概述,接着详细讨论了基于虚拟世界的学习课程设计过程,组成该课程的虚拟世界中预设的活动,以及作为完成基于虚拟世界的课程学习的评价方式,该评价方式能够帮助说明学习是否发生了,其程度如何。

第四部分主题从虚拟世界的设计转向开发和部署方面。这部分包括:虚拟世界开发过程概览,提供了一个从设计转移到开发的可操作化视图。同时还覆盖了部署和开发的各个方面,包括在各种学习情境下评估虚拟世界应用成功与否的可操作化技巧。

每一章的结构都是先提供介绍性的语句，接下来是关于本章主要观点的讨论。各章都包含一个或多个与本章主题相关联的自测练习和学习活动建议，同时还附上了本章的参考书目、相关材料的网址链接及其他资源。

第一部分　简介和概述

第一章　用于教育的虚拟世界的定义和历史

3

简介

大众媒体谈及虚拟世界，总是带有一种喘不过气的惊奇和新异语调。它们被描述为最新的新兴技术，并抓住了少年和老年玩家的心、脑以及金钱。你所听到的虚拟世界被谈论的方式，一定会让你认为它们在片刻前刚登上世界舞台……突然奇迹般地到来，并带着高清晰度、全色彩和超真实的光环。如果虚拟世界以谷物食品盒的形式出售，标签上一定强调着“新的”、“改善的”、“现在更好的”。

尽管，现实中这些盒子应该被解读为如“新包装，不变的美妙口味！”。虚拟世界已经以这种或那种形式在世界上存在几十年了。如果将机械的虚拟世界包含在内，你可以将它们的起源追溯至更早。在这章中，我们将按照时间演进的蜿蜒轨迹来了解虚拟世界。我们会格外关注将虚拟世界用于教育的这段历史。我们会关注一些最近特别为教育设计的虚拟世界的例子。然而在那之前，我们需要定义一下当我们在说“虚拟世界”时我们意指什么。我们需要一个定义为本书的其他部分提供基础。

何为虚拟世界？

何为虚拟世界？乍一想，这似乎是一个很容易回答的问题。虚拟世界是一个基于计算机的三维世界，你可以独自一人或与其他人一起探索。在一个虚拟世界中，你既可以自己探索（第一人称），也可以由一个通常称为化身（avatar）的基于计算机的角色代表（第三人称）进行探索。这个定义是个不错的起点，但是

4

像大多数定义一样，你对这个主题思考得越多，这个定义就变得越复杂。

让我们来扩充一下定义，就从描述虚拟世界不是什么开始，至少是我们要在本书中谈论的。在本书中，虚拟世界与虚拟现实是不同的。那么何为虚拟现实？虚拟现实是由完全沉浸式的三维模拟构成的。完全沉浸式，是指用户在虚拟现实环境中的体验是一种接近现实的功能模拟，或是添加了“超能力”的模拟现实。为了做到这一点，基于虚拟现实的模拟依赖于一系列的软件以及相关的硬件。虚拟现实用户带上头戴式显示器，并通过它来观看模拟世界或环境(图 1.1)。这些显示器通常包括运动追踪。有了运动追踪，当你将头部从这一边转向另一边或是从上到下时，模拟世界便会追踪你的头部运动。因此当你向左转或向右转头时，可以通过头戴式显示器看见虚拟世界中你的两侧是什么样子的。一些头戴式显示器包括耳机，它们同样包括连接到音频的动作追踪。你能听到虚拟现实环境中环绕着你的声音，只要你转动头部，声音也会适当地移动。例如，如果你听见一只狗在你的左侧狂吠，你转向声音的方向，你会同时看见那只狗出现在头戴显示器上，并且听见吠声从你的左侧移动到了虚拟空间中你的正前方。

图 1.1　虚拟现实硬件

5

虚拟现实模拟也经常会使用数据手套。用户戴着一只手套(通常只有一只)，手套上的传感器会追踪他们的手掌在真实空间中的运动。接下来，这些运动会被对应到虚拟世界的三维空间，用户手掌的卡通形象将会出现在虚拟空间。有了这种手套，用户可以捡起、携带，或是与虚拟真实世界中的物件交互。例如，他们可以捡起并扔出一个虚拟的球。数据手套还包括其他形式的力反馈，可以让用户通过数据手套去“触摸”与之交互的虚拟物件。一些极少而精致的虚拟现实设置甚至包括实质上是巨大的仓鼠球的物件，让用户在所有方向上行走或奔跑，通过精心开发的运动追踪软件将他们的运动对应到头戴式显示器。

虚拟现实,用一个字来总结就是,酷!但这并不是本书的主题。相反,我们关注的也是同样酷的东西:虚拟世界。区别何在?在本书中,我们将虚拟世界定义为不需要特别的硬件设备(除了鼠标或其他控制设备)便可以在其中进行探索的基于计算机的环境,人们通过移动虚拟世界中的化身或是以第一人称视角来探索虚拟世界。虚拟世界既可以是单玩家(single-player)也可以是多玩家(multi-player)。它们可能是二维或三维的图形界面世界或是基于文本的世界。虚拟世界可以是模拟,但不一定非要如此。虚拟世界可能是游戏,但也不一定。

让我们一起来拆解这个长定义的每个组成部分吧。

基于计算机的环境

一开始,我们需要先澄清一下。虚拟世界不一定非要是基于计算机的。根据你想定义它们的方式,你可以说虚拟世界和人类存在的时间一样长。人类很擅长根据他们听到的故事和读过的书在心中创造虚拟世界。想想你最近读过的一本好书。在阅读过程中,无疑,你会根据书中的人物、场景和故事线索来创造出细节丰富的虚拟世界。当你极其全神贯注于阅读时,你可能已经不用有意识地阅读纸上的所有文字。你达到了一种游戏设计师所称的"心流状态"(flow state),这个时候媒介消失了,而你正是通过这一媒介与故事的虚拟世界相遇(Csikszentmihalyi, 1990)。你已经全身心投入到书中的世界:直接体验它。简单来说,你成为了设计师、建筑师以及虚拟世界的参与者。

但是本书的目的,是要讨论交互的电子世界而不是非电子虚拟世界,如桌面游戏、骰子游戏等。更进一步,我们将会具体关注基于计算机的虚拟世界的设计。虚拟世界已经迁移到多种平台,包括游戏机(例如,Xbox 360, PlayStation 3, Wii 等)、便携游戏系统(Nintendo DS, Nintendo 3DS,便携版 PlayStation,电话等),以及迅猛增长的智能手机(iPhone, Android, Windows Phone 等)。但大多数为教育目的设计的虚拟世界仍然是基于计算机的。近些年内,这种情况也许会有所改变,但现在我们将继续使用计算机。 6

探索虚拟世界

在第二章和第三章,我们会深入讨论基于计算机的虚拟世界的机制,观察它们运转的各个方面，用户是如何与之交互的，以及如何将虚拟世界的机制作为优势帮助人们学习。不过现在我们要简明解释一下“探索”(exploring)是什么含义。通常有两种方式来探索虚拟世界：第一人称和第三人称(或基于化身)。与虚拟现实环境不同，除了电脑、移动设备、手机，或是游戏机，探索虚拟世界不需要特殊的装备。

在第一人称虚拟世界，你如同身体嵌入般地探究这个世界。你通过自己的眼睛或是通过你的虚拟化身的眼睛，观看虚拟世界。化身是你在虚拟世界扮演角色的表征，可以是可见的也可以是不可见的。在第一人称虚拟世界，你的化身也许是20尺高的巨人或是一条在地面上滑行的蛇，但是你无法真正地看见你自己：你只能看见你眼前的世界。在商业游戏中，这种形式的探究视角是标准的第一人称射击(FPS)游戏，之所以如此命名明显是因为你是从第一人称视角来观看虚拟世界，并且通常来说，你的主要任务是射击目标。在FPS游戏中，一般来说，你可以在虚拟空间中看见你的胳膊，通常是握有工具、枪、链锯，或是其他可以用之执行任务、追捕坏蛋的物件。通常你的腿在FPS虚拟世界中是看不见的，尽管你有可能听见你在虚拟世界中行走或奔跑的脚步声。

在第三人称视角的虚拟世界探索，你控制一个可见的化身，让其替代你在世界中穿行。几乎所有的大型多玩家在线角色扮演游戏(MMORPGs)都使用第三人称、基于化身的控制。你在第三人称虚拟世界中的大量时间都用于盯着在其中移动的你的化身的后背。你能看见自己角色面孔仅有的机会是游戏一开始的角色选择、你的角色死去，或是在“过场动画”(cut-scenes)中(设计用来推进游戏故事情节的迷你电影)。

7

单玩家和多玩家虚拟世界

在我们写作本书的时候，多玩家虚拟世界在商业领域和教育虚拟世界产品中都占有统治地位。对于刚想使用虚拟世界进行教学或培训的你来说，现在是个好时机，因为你身处并/或体验着一个多玩家游戏世界。我们将会在第四章解释，在设计良好的多玩家虚拟世界中可以获得大量的学习收益。许多我们希望学生在进入职场时拥有的所谓“21世纪技能”，如协作、团队合作、辅导、竞争、分享等等，多玩家虚拟世界中的给养(affordance)和活动都对此有所帮助。再加上，在多玩家虚拟世界中仅是居住也很令人愉快，此类给养的直接结果使虚拟世界成为不错的学习空间。

鉴于所有的注意力都集中在多玩家虚拟世界，有时候很容易忘记单玩家虚拟世界提供了同样有潜力的学习收益，包括上面列出的每一条。例如，正如多玩家虚拟世界，单玩家世界能够支持建构协作技能、辅导和团队合作。它们只不过是采取不同的方式，同样我们会在第四章进行描述。另外，单玩家虚拟世界在科学、数学、文学和健康教育领域也已经被证明是有效平台。单玩家虚拟世界尤其适合所谓的认知（epistemic）游戏，玩家在其中扮演真实世界角色并在虚拟世界的安全范围内实践相关的技能（Shaffer, 2006）。玩家在认知游戏中能够从某些专业工种的"初级"（lowly）工作开始，接下来随着他们技能的增长，复杂度逐渐提升。在商业游戏世界中，单玩家在虚拟世界中的设定常常被设计为 FPS，你的目标是杀死视线范围内的一切，或是角色扮演游戏（RPGs），这与教育认知游戏非常相似，除了你最可能扮演的角色是精灵或骑警而不是科学家或城市规划者。

教育虚拟世界的（非常）简明历史

现在我们已经有了一个基本的概念，让我们来简单回顾一下符合如上定义的教育虚拟世界的历史。正如我们所描述的，虚拟世界以某种或另一种形式存在于我们周围已经几十年了。如果继续使用"电子"这个限定词，我们仍然能够追溯至 20 世纪中期并寻找到最初虚拟世界的先驱。Sensorama，一种机械虚拟世界，建造于 1962 年（图 1.2）。它被设计为一种高度沉浸式个人观影设备，并集三维视频、立体声、风甚至味道于一体（见 www.mortonheilig.com/InventorVR.html）。

8

将关注范围进一步缩小至基于计算机的虚拟世界，我们向当今迈近一步，但是仍然发现 20 世纪 70 年代初就出现了早期虚拟世界的例子，也就是第一款基于计算机的文本探险的出现。这些早期的计算机游戏由复杂的虚拟世界构成，全部通过输入文字进行体验。基本上这是精心制作的"冒险由你选择"的电子版书籍。最早的这批虚拟世界中，有一个创造于 1977 年，叫做"巨洞历险"（Colossal Cave Adventure）的虚拟游戏（图 1.3）。"巨洞历险"让玩家通过输入文

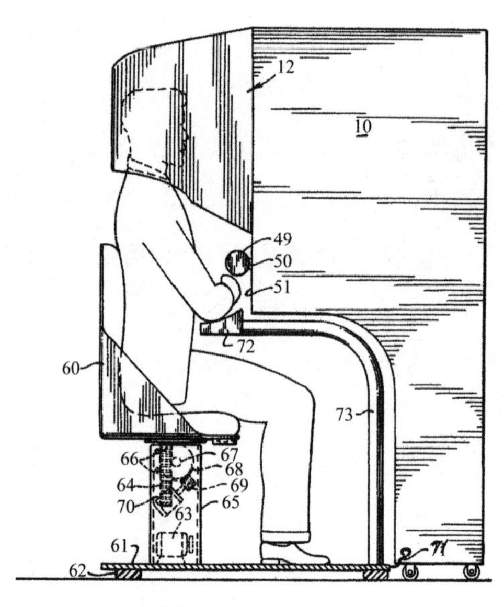

图 1.2　Sensorama

字的方式在一个虚拟洞穴中探索。例如，如果你想向北走，你就用键盘输入"north"（北）或"n"。每次你到达虚拟洞穴一个新的位置，就会给你呈现一段新描述，关于你的周围环境、出口以及可以在这个位置完成的任务（见 www.rickadams.org/adventure）。

20 世纪 70 年代晚期，随着第一款 Multi-User Dungeons 或 MUDs 的出现，基于文本的虚拟世界进入了多玩家时代。首先，真正所谓的 MUD（也称为 MUD1 和英国传说）（见 www.britishlegends.com），源起于英格兰，以远程登录（telnet）方式连接（这毕竟是前因特网时代）。像"巨洞历险"一样，MUD 的玩家及其后来者能够使用书面导航命令探索虚拟世界。MUDs 也允许几组玩家通过文本聊天信息相互沟通。早期基于文本的 MUDs 和 MOOs（Multi-User Dungeon，面向对象）中所包含的许多设计特点和特色都会令当代虚拟世界的玩家和设计者倍感亲切。例如，MUDs 和 MOOs 以叙事驱动的交互故事为特色。它们通常是奇幻、科幻，或是神秘主题。它们的游戏以独立或成组的探索为中心，通常包括敌人之间的对抗。一般来说，它们包括许多功能，如扮演不止一种角色、使用各式各样的武器，以及管理有助于完成探索的工具和物件的详细目录的能力。尽管玩家看不到他们的化身，但他们能够创造出化身的详细描述，并让其他玩家阅读。

9

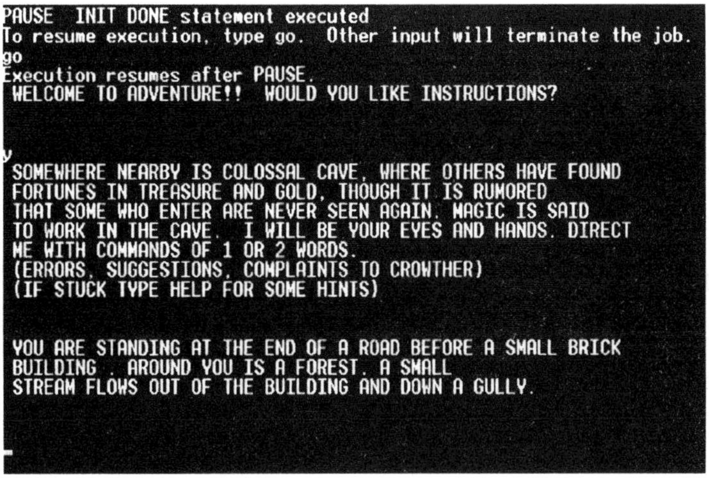

```
PAUSE  INIT DONE statement executed
To resume execution, type go.  Other input will terminate the job.
go
Execution resumes after PAUSE.
 WELCOME TO ADVENTURE!!  WOULD YOU LIKE INSTRUCTIONS?

y
 SOMEWHERE NEARBY IS COLOSSAL CAVE, WHERE OTHERS HAVE FOUND
 FORTUNES IN TREASURE AND GOLD, THOUGH IT IS RUMORED
 THAT SOME WHO ENTER ARE NEVER SEEN AGAIN. MAGIC IS SAID
 TO WORK IN THE CAVE.  I WILL BE YOUR EYES AND HANDS. DIRECT
 ME WITH COMMANDS OF 1 OR 2 WORDS.
 (ERRORS, SUGGESTIONS, COMPLAINTS TO CROWTHER)
 (IF STUCK TYPE HELP FOR SOME HINTS)

 YOU ARE STANDING AT THE END OF A ROAD BEFORE A SMALL BRICK
 BUILDING . AROUND YOU IS A FOREST. A SMALL
 STREAM FLOWS OUT OF THE BUILDING AND DOWN A GULLY.
```

图 1.3　巨洞历险

麋鹿过街(Moose Crossing)

"麋鹿过街"是一款为教育目的设计的革新性 MOO。"麋鹿过街"是基于文本的、多玩家教育世界,由 Amy Bruckman 在 20 世纪 90 年代设计完成。Bruckman 使用"麋鹿过街"来教授小孩子编程语言,其中内嵌着一种叫做 Moose 的编程语言,其所带来的混合效果能够预示许多后继教育虚拟世界的发现。Bruckman(2000)进行了一项质性分析研究,50 个儿童使用"麋鹿过街"来学习编程。研究发现,学生在虚拟世界中对于编程语言的学习差异很大:一些学生在虚拟世界中学习了编程,但是更多的没有。Bruckman 举证道,在 MOO 中编程语言方面的低参与度(在被分析的孩子中超过三分之一在虚拟世界中没有尝试进行编程,而这是课程中的一个中心活动)是造成这一差异的关键因素。

10

基于计算机的虚拟世界下一步的进化是 MUVE,或多用户虚拟世界。简单来说,MUVE 不过是有图形的 MOO。MUVEs 是二维或三维的虚拟世界,身处其中的学习者控制表征他们在线身份的化身。正如早期基于文字的冒险 MUDs 和 MOOs, MUVEs 中的玩家可以探索这个世界,与其中的对象交互,同其他用户沟通,完成探究任务。当被用于教育目的时,MUVEs 能够涉猎广泛的内容,尽管教育类的 MUVEs 大多是围绕科学课程的。大多数由研究者和教育设计者开发的、以教育为目的的虚拟世界目前并且将继续基于 MUVE。针对这些虚拟世界的早期研究主要聚焦于它们对于学习和学生动机的潜在影响，而不是它们的效能(e. g. , Bers, 1999; Bers 和 Cassell, 1998; Corhit 和 DeVarco, 2000)。关注点一直在变化，某种程度上倾向于量化和质性的研究，探究虚拟世界和内嵌于其中的课程对于学习的影响(Clark, Nelson, Sengupta 和 D'Angelo, 2009; Nelson 和 Kctelhut, 2007)。

为了说明教育虚拟世界中创建的几类课程和设计，让我们来看几个近年来开发的教育 MUVEs。这个概括称不上全面，但是会涉及这些虚拟世界的特质。如果需要对现代虚拟世界更全面的回顾，我们推荐你阅读本章结尾参考文献部分包括的研究和综述文章。

Whyville

Whyville 是早期(现在也仍然存在)的一个极大规模的基于 MUVE 并带有教育性目的的虚拟世界(图 1.4)。这一外观和感观上都很卡通的二维虚拟世界，在本章落笔的时候已经有超过四百万的注册用户(见 http://whyville.net)。Whyville 开始时是专门面向 9—12 岁女孩的虚拟环境，目前它的大多数玩家仍然是女性……这在虚拟世界中非常少见。玩家在这个世界中进行探索的时候，可以参与大量的随机任务，其中的一些主要是科学教育内容，包括生物、物理和化学。

图 1.4　Whyville

"Whypox 传染病"是一个为 Whyville 设计的有趣的课程单元。在 Whypos 课程中，一个虚拟病毒在 Whyville 用户中扩散。病毒以不同的方式在社群(community)中传播并导致不同的症状。感染病毒的玩家也许会突然看见他们的化身脸上覆盖了红斑。此外，感染了 Whypos 的学生，他们基于文本的聊天信息会被喷嚏打断。在调查六年级的科学课是如何应对 Whypox 传染病时，研究者发现学生们在课堂中利用图表来跟踪疾病暴发的蔓延状况，在一个虚拟的"疾病控制中心"收集疾病传染的信息，并且使用"感染模拟"来观察疾病如何在人群中传播(Neulight, Kafai, Kao, Foley 和 Galas, 2007)。研究者发现，即使在校外(晚上他们可以在家中的电脑登录 Whyville)参与的学生仍然会积极收集数据并形成关于病毒的假设。

江城(River City)

"江城"是近年来另一个大规模的教育虚拟世界(图 1.4)。作为哈佛大学一个有十年历史(1999—2009)的研究项目的一部分，"江城"是一个面向中学生的 MUVE，致力于教授科学探究与科学内容。学生以小团队的形式探究江城，一起工作去揭开某一疾病广泛传播的秘密，该疾病突袭了一座小城。参与者作为时间旅行者进入"江城"，从现代社会穿越到 19 世纪末，借助当今时代的知识和技能帮助在"江城"受苦的人们。在"江城"市长的邀请之下，学生会四散到城市之中，探索街道、河流、居民区、医院、公共居住区，以及其他地点，尝试给出这座城市中居民生病原因的假设。"江城"的课程设计中嵌入了多种在居民中同时发生的疾病，包括水、昆虫以及人际传播的疾病——所有都同时在这座小城中发作。在项目的结尾，学生们在课堂上相互比较各自的研究，一般来说不同学生的发现都有所不同。

关于"江城"的一系列研究成果表明，这个游戏吸引的参与者，尤其是在常规课程中被教师认为是"低成就者"的学生(Nelson, Keteihut, Clarke, Bowman 和 Dede, 2005)；在进行"江城"科学探究的学生中，使用课程提示系统帮助的学生比没有使用提示系统表现得要更好(Nelson, 2007)；参与者在参与了"江城"后，对于他们在科学方面获得成功的能力的信心(他们的自我效能)提高了(Keteihut, 2007)；男孩儿和女孩儿在虚拟世界中的学习效果一样好(Nelson 等，

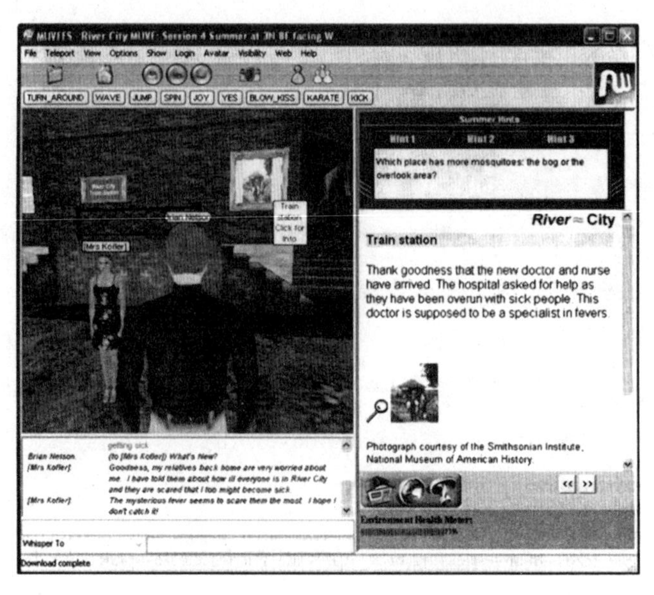

图 1.5　江城

13

2005)；尽管"江城"项目结束了，关于它的细节在本书写作期间仍然可以在网络上找到(见 http://muve.gse.harvard.edu/rivercityproject)。"江城"虚拟世界被一家名为 Active 世界(见 http://rivercity.activeworlds.com)的商业公司购买，目前仍在继续运行并一直在开发新的版本。

探索亚特兰蒂斯(Quest Atlantis)

"探索亚特兰蒂斯"是跟随着"江城"的脚步开发出来的虚拟世界项目(见 http://en.wikipedia.org/wiki/Quest_Atlantis)。同"江城"一样，"探索亚特兰蒂斯"是一个教育 MUVE，学生在其中协作并完成探究任务，努力解决困扰虚拟世界及其居民的问题。"探索亚特兰蒂斯"中一个主要的课程单元叫做 Taiga，呼应了"江城"中的主要课程：学生以团队工作的形式去了解"探索亚特兰蒂斯"世界中的水问题，并制订计划解决这些问题。Hickey、Ingram-Goble 和 Jameson 在 2009 年实施了一组 Taiga 课程对小学生影响的研究。第一个研究是在四个六年级班级中进行的，研究发现使用 Taiga 的学生的表现要好于那些阅读了涵盖相同考试内容材料的学生。另外一项稍晚的研究证实了，在新版的形成性反馈被设计在虚拟世界之后，Taiga 参与者在学习上的收获 。2007 年，Anderson 和

Barnett 对"探索亚特兰蒂斯"在 26 所小学实施的研究中，发现在标准化的学习测量上与上述研究相同的积极结果($p<0.01$)。

拯救科学(Save Science)

最后一个现代教育虚拟世界的例子可以从"拯救科学"项目中寻得(图1.6)。这个项目主要是开发并测试在虚拟世界中测量学习的新方法。研究者们通过"拯救科学"项目(其中两人参与开发了"江城"虚拟世界)创造了一系列为中学生设计的虚拟世界模块。参与者首先完成他们基于课堂的常规科学课程，并进入"拯救科学"虚拟世界来完成与课堂上学习过的内容相关的测量任务。"拯救科学"虚拟世界被设计得可以记录学生在虚拟世界中完成探究任务时的互动。接下来这些数据被用于评估学生对课堂上所教授材料的理解程度。"拯救科学"中包罗万象的课程同其他如"江城"和"探索亚特兰蒂斯"等教育虚拟世界一样，并且主要关注科学探究技能。在"拯救科学"中，学生有完整的目标，去揭露虚拟城市和附近的乡村所面对的问题的可能原因(生病的农场动物、天气原因导致的农作物减产、与小镇的水相关的气候问题)。学生在一学年中多次进入虚拟世界，每次访问都开始一个新的探究任务——这些任务与他们进入虚拟世界之前的课堂上学习的内容相关(Nelson, Ketelhut 和 Schifter, 2010)。

14

图 1.6　拯救科学虚拟世界

结论

让我们用几个警告来总结对教育虚拟世界的简介：首先，我们在这里提供的虚拟世界定义不应该被认为是权威的、最终全面的定义。尽管它很不错，涵盖了大多数为教育目的而创作的虚拟世界。技术一直在以不可思议的飞快速度改变着。例如，越来越多的以学习为目的的增强现实的应用被创造出来，这些应用将虚拟世界和从真实世界中获得的数据或可视化形象结合在一起。并且，当然，我们的定义限定在电脑作为虚拟世界的主要载体。正如我们所描述的，亦如我们确定知道的，电脑只是多种用来承载虚拟世界的平台之一。事实上，就在本书写作期间，本书的一位作者参与了在平板电脑和智能手机上运行的“拯救科学”的开发。同样，我们在接下来的章节提到的设计方法、概念和框架将不局限在基于计算机的虚拟世界。

相同地，我们对于为教育目的设计的虚拟世界的简要回顾显然是不完全的。我们可以很轻松地用虚拟世界的历史完成一本书，但是我们想给你一个关于过去创造出来的一些“大作”的基本概念，来说明这些世界相同的主题和目标。

手握虚拟世界的定义和虚拟世界历史的一些背景，你已经准备好了投入到虚拟世界的设计中。所以，我们向着它出发吧！

测试你的理解

1. 虚拟现实环境和虚拟世界有什么不同？
2. 你同意这章给出的定义吗？为什么同意？为什么不同意？

学习活动

1. 找出一个“历史的”虚拟世界并调查。和你的同学分享你对所选择的虚拟世界的简要概括。从学习的角度来说它有什么优点和缺点？从技术的角度呢？

2. 在纸上写出你自己关于教育虚拟世界的定义，并把你的定义好好保管起来。当你读完本书时，再写一个定义，然后比较这两个定义。

3. 想象一个未来的虚拟世界。你认为它会有怎样的变化？你认为哪些方面不会改变？你希望在未来的虚拟世界中有什么是你现在不能做的？

参考文献

16

Anderson, J. & Barnett, M. (2007). *The Kids Got Game: Using Ouest Atlantis, a 3D virtual computer game to dcvelop critical thinking and problem solving skills in middle school science classrooms*. Presented at Annual International Conference of the National Association for Research in Scicnce Teaching (NARST), April 2007, New Orleans, LA.

Bers, M. U. (1999). *Zora: A graphical multi-user environment to share stories about the self*. Paper presented at the Computer Support for Collaborative Learning (CSCL '99).

Bers, M. U. & Cassell, J. (1998). Interactive storytelling systems for children: Using technology to explore language and identity. *Journal of Interactive Learning Research*, *9*(*2*), 183 - 215.

Bruckman, A. (2000). *Uneven Achievement in a Constructivist Learning Environment*. Paper presented at the International Conference on Learning Sciences, Ann Arbor, MI.

Clark, D., Nelson, B., Sengupta, P., & D'Angelo, C. (2009). *Rethinking Science Learning through Digital Games and Simulations: Genres, examples, and evidence*. Invited paper, Learning Science: Computer Games, Simulations, and Education Workshop, Washington, DC.

Corbit, M. & DeVarco, B. (2000). *SciCentr and BioLearn: Two 3D implementations of CVE science museums*. Paper presented at the Third International Conference on Collaborative Virtual Environmcnts, San Francisco.

Csikszentmihalyi, M. (1990). *Flow: The psychology of optimal experience*. New York: Harper Perennial.

Hickey, D., Ingram-Goble, A., & Jameson, E. (2009). Designing assessments and assessing designs in virtual educational environments. *Journal of Science Education and Technology*, *18*(*2*), 187 - 208.

Ketelhut, D. J. (2007). The impact of student self-efficacy on scientific inquiry skills: an exploratory investigation in River City, a multi-user virtual environment. *The Journal of Science Education and Technology*, *16* (*1*), 99 - 111.

Nelson, B. (2007). Exploring the use of individualized, reflective guidance in an educational multi-user virtual environment. *The Journal of Science Education and Technology*, *16*(*1*), 83 - 97.

Nelson, B. & Ketelhut, D. (2007). Scientific inquiry in educational multi-user virtual environments. *Educational Psychology Review*, *19*(*3*), 265 - 283.

Nelson, B., Ketelhut, D., Clarke, J., Bowman, C., & Dede, C. (2005). Design-based research strategies for developing a scientific inquiry curriculum in a multi-user virtual environment. *Educational Technology*, *45*(*1*), 21 - 34.

Nelson, B., Ketelhut, D., & Schifter, C. (2010). Exploring cognitive load in immersive educational games: The SAVE Science project. *International Journal of Gaming and Computer-Mediated Simulations*, *2*(*1*), 31 - 39.

Neulight, N., Kafai, Y. B., Kao, L., Foley, C., & Galas, C. (2007). Children's participation in a virtual epidemic in the science classroom: making connections to natural infectious diseases. *Journal of Science Education and Technology*, *16*(*1*), 47 - 58.

Shaffer, D. (2006). *How Computers Help Children Learn*. New York: Palgrave Macmillan.

17 链接

Whyville 虚拟世界如今仍然存活，并活跃着，见 http. //www. whyville. net/

用户账号免费。

同样地，Quest Atlantis 也仍然运行并免费，尽管获得账号需要获得允许。你可以在下面的地址获得最新版，见 http://atlantisremixed.org/。

River City 虚拟世界仍然被世界各地的课堂使用，尽管它已经不再免费。你可以在这里看到这个项目，见 http://rivercity.activeworlds.com。

其他资源

一个互动的虚拟世界历史可以在这里阅读相关信息，见 http://www.vwtimeline.com/。

18

第二章　虚拟世界的机制：世界

简介

本章的目的是通过对虚拟世界机制仔细的考察和探究，区分两个最主要的部分：世界与图形用户界面（GUI）。我们描述了这里所指的世界是什么（不是什么），以及它是如何工作的，另外还提供了大量示例。在深入讨论虚拟世界机制这个主题之前，我们首先要对探究的内容有一个清楚的界定，这对讨论会很有帮助。基于本章（及全书的其他部分）的目的，我们将世界定义为基于三维坐标系的可体验空间，在这个空间里学习者可以移动他（她）的化身。同样地，将GUI定义为处于世界和用户之间的交互式的视听信息反馈系统，我们会在第三章详细讨论GUI，但一起定义它们有助于我们更好地理解。

所谓的世界

出于娱乐和教育的目的，已经有了大量可供大众使用的虚拟环境。其中每一个世界的构成都表现出明显的不同。因此，尽管我们在前面给出了极好的定义，但想要概括出每个世界的构成仍是非常困难的。或许理解世界更好的方式是思考世界到底是什么以及世界不是什么。

19

世界是什么

我们可以通过感知和/或体验我们生活的现实世界的任何东西，如草地、绿树和阳光，以及这个巨大空间中任何结构的内外部空间，来思考虚拟环境中世界的构成，这是一个很好的办法，所有现实世界中存在的要素也是虚拟世界的构成部分。如果这是一个你可以四处走动的三维空间，不论大小，那么这个空间就属于我们这里所说的世界，是虚拟世界的一部分。

构成虚拟世界的三维空间实际上非常有趣。这个世界空间基于笛卡尔坐标空间，包含三个坐标轴：X 轴、Y 轴和 Z 轴，分别指向三个维度（图 2.1）。世界坐标空间中的每个独立位置都被赋予一组唯一的坐标值。空间中任何一个对象的位置都对应由三个数值构成的坐标标识。在世界的边界内，你不可能移动化身到未进行坐标赋值的地方。换句话说，如果世界的构造存在，并且你可以在这样的虚拟环境里活动，那么这一定是赋予了坐标的地方。理解世界中这套坐标系统的功能便于我们设计虚拟世界并将对象定位于该世界。这些坐标对于显示世界中任何对象（甚至学习者的虚拟化身）在整个世界图形地图（graphic map）上的位置时非常有用。

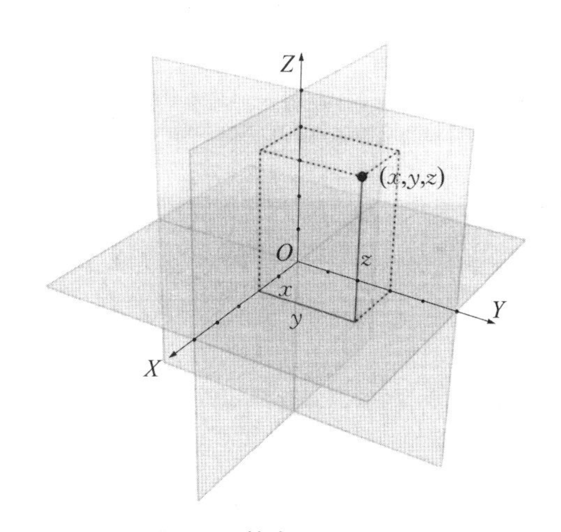

图 2.1　笛卡尔三维空间

在虚拟世界的坐标空间里，构成世界的物质主要有四类“材料”：陆地、大气、对象和脚本。这四类虚拟世界的构成要素与我们在现实世界中体验到的有一定的相似之处。读完这句后，请闭上眼睛，用片刻的时间思考一下，当你在真实空间中来回移动时，无论室内还是室外，所体察到的所有一切。陆地是我们立足行走的地面；大气，是我们赖以呼吸的空气，是我们看到的云，也是我们喝的水；对象是那些放置在地面，或在地面上来回移动的东西；脚本驱动着非凡的力量，如风、重力、雨。

20

陆地

在虚拟世界中，陆地就是一个平台，重力作用下的各种对象可放置在上面。虚拟世界中陆地最为简单的形式就是一个固体平面，作为光滑平坦的地面，各种对象可以放置在上面或在上面移动。然而像真实世界一样，通常，虚拟世界的陆地都很复杂，其地势形态是创建与现实相类似的地理构造（图 2.2）。一旦你通过第一人称视角，让一个玩家控制的角色在如此复杂的陆地中移动穿梭，通过角色的“眼睛”，虚拟世界的景象会随着角色在陆地中不同海拔高度间穿行而改变。相似地，虚拟世界中的对象通过“陆路”方式从一个坐标空间行进到另一个，也就是说不通过飞行的方式，而是通过沿着陆地的地势轮廓行进的方式来完成。简单来说，虚拟世界的陆地与真实世界中存在的陆地具有相同的属性。

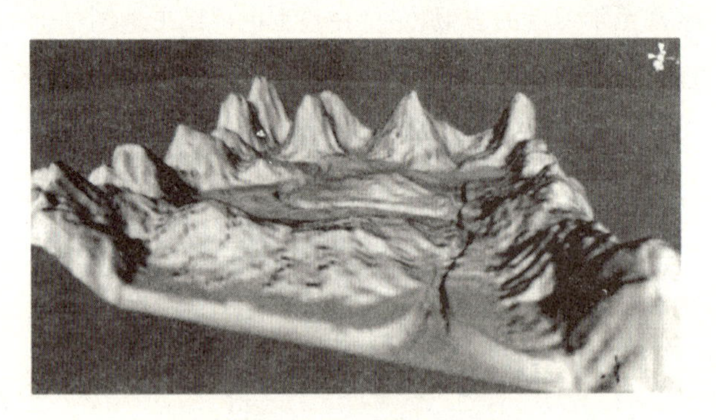

图 2.2　虚拟陆地的地质构造

大气层

虚拟世界中的大气层并非是真实存在的，从这个意义上讲，虚拟大气层没有实际物质构成。用户感知到的虚拟大气层是基于听觉、视觉以及互动运动元素的相互结合，来创造“感觉”到真实环境的体验。请你回想一下最近一次多云天气的户外体验。天空的色彩是什么样的？云多大？它们是暗灰色、白色，或美丽的夕照的颜色吗？风的情况呢：风向，强度？你能听到大海，或者有些鸟儿的鸣叫，或者城市交通的声音吗？闻起来像雷暴即将发生？几乎所有这些感知到的现象都可以在虚拟世界的大气环境中复制，当然除了气味（正如我们在第一章中所描述的，早期的 Sensorama 虚拟世界中包含气味，但现代的虚拟世界都不包括此组件）。例如，请看图 2.3。虚拟世界中的云看起来与真实世界中的非常相

21

似。如果有可能在纸质文本中嵌入电影，你将能够比较两个版本的世界中云朵在天空中运动情况的相似性。

图 2.3　虚拟环境中的大地和天空

对象

一匹马就是一匹马（当然，当然！），无论你用哪种方式看它，是吗？然而并非如此。放置在虚拟世界陆地上的所有事物（或者漂浮在之上）都是存在于其三维坐标空间内的有界对象。建筑物、树木、动物、人、机器，所有这些 3D 对象，在虚拟世界的陆地和大气中占据着不同大小的空间。世界的每一个单一对象包括完全一样的东西：几何形状的组合（如球体、立方体、圆锥体等），这种组合可以构成越来越复杂的形式，与现实世界中预期重现的对应物极其相似。因此，虽然在许多方面，虚拟的马也是一匹马，它看起来像一匹马，它听起来像一匹马，它的动作也像一匹马，然而，它实际上只是一种复杂的几何形状组合体，具备同样构造的力学性能（图 2.4）。

22

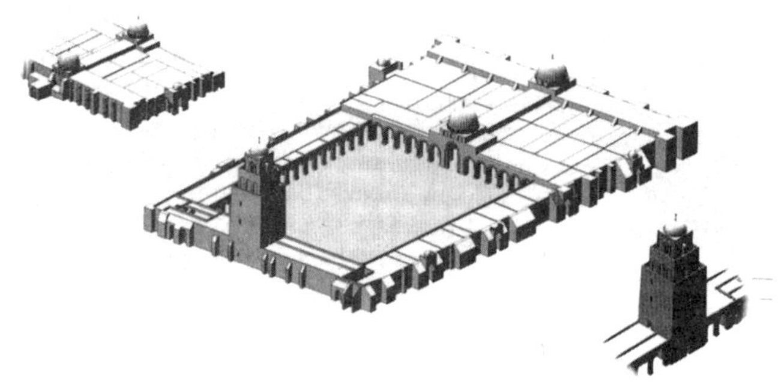

图 2.4　几何图形的复杂组合

虚拟世界中对象的另一个重要方面是碰撞特性。在虚拟世界中占据空间的固体形态的对象在移动时,可以互相碰撞,当这一切发生的时候,应该就像现实世界中会发生的正常物理现象一样。想象自己作为一个虚拟的骑士,在虚拟的乡村骑着虚拟的马,快马加鞭,奔向山间一个破旧的城堡,去拯救被喷火龙捉走的哀伤的少女(或是恐慌的王子)。不幸的是,你忘了吃你的虚拟早餐,已经到了午餐时间,你有点饿了。在快速行进中,你发现了一棵虚拟的苹果树,树上挂满了小小的,与你认为是美味的苹果极为相似的复杂几何形体。此刻,你本应该小心躲避虚拟树枝刮到你,这些悬挂在虚拟森林小路上方的树枝太低了。不幸的是躲避不及,你——还有你的头盔、盾牌、剑和盔甲(所有这些仅仅是复杂的几何形状)轰然倒下,感觉到虚拟重力的效果,与虚拟世界中的地面发生碰撞。

脚本

最终,你收拾好你的虚拟物品,骑上虚拟的马,到达城堡,杀死龙,拯救了少女(或王子)。城堡、龙和少女都是对象,但是什么赋予了龙和少女以虚拟生命,使之可以在虚拟世界中活动呢?脚本是虚拟空间内对象运动现象的基础——例如,从一组坐标移动到另一组坐标。如图 2.5 所示,轻轨列车沿着铁轨在虚拟空间中移动,同时使用脚本移动其他车辆不断靠近,创设出路面交通的感觉。

23

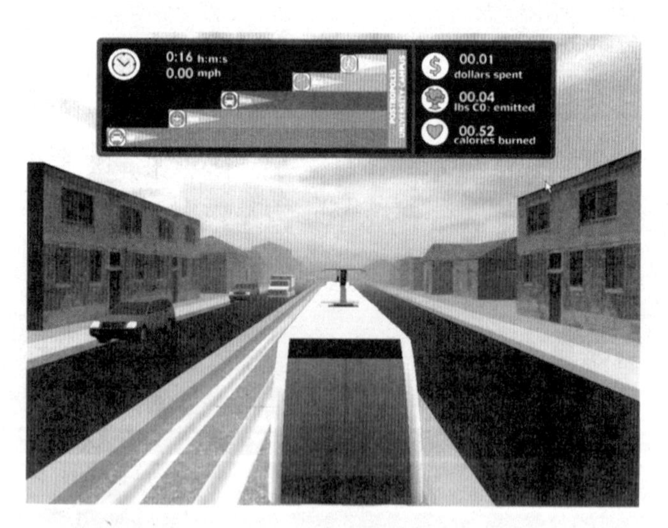

图 2.5　在虚拟城市中穿行的轻轨列车

脚本能够应用到虚拟世界中的单个或多个对象上，同样也可以应用到大气环境中(还记得云的移动吗?)。脚本也可应用于整个虚拟世界的全局设置——例如，环境中的重力水平。想想两个虚拟世界之间的不同：地球和月亮。现实中，在月球上，重力远低于地球上。通过使用全局脚本，类似的设置可以应用于对应的虚拟版本。

陆地、大气、对象与脚本。清单不长，但其中的每一项都是一个外延极广的概念的一部分，尤其是项目之间交互作用时。在思考四者之间如何交互作用创建整个虚拟世界的空间体验时，区分用户与虚拟世界的交互到底是通过 3D 世界还是图形用户界面，仍然会感到困惑。当你想到脚本和对象之间的相互作用时，更容易产生混淆。正像本章开始时所提到的，去除混淆，更好地划清世界与图形用户界面边界的一个办法就是要考虑世界不是什么。

24

世界不是什么

虚拟世界造就如此棒的学习平台的原因之一，是在虚拟世界中，虚拟空间与相关的补充数据和信息，能够为学习者提供看似无尽的互动和参与机会去体验虚拟世界。思考这些额外信息以及学习者与这些信息的互动，有助于巩固你对任何虚拟世界边界的理解。头脑中有了这个想法，基本上有两大类东西不属于虚拟世界。

第一类：坐标系统边界之外存在的任何东西(声音、对象、图像、视频、动画和文本)；

第二类：虚拟世界坐标系统内直接交互体验之外，发生在学习者与计算机程序(虚拟世界的宿主)之间的任何交互。

简言之，任何虚拟世界之外与宿主计算机所发生的体验，那么，这很有可能是图形用户界面的一部分。例如，想象一下虚拟博物馆墙上悬挂的一幅画。在虚拟博物馆空间里，这幅低分辨率的绘画图像被放置在长方形平面对象上，看上去像悬挂于虚拟墙壁上。当学习者靠近并且点击这幅画，在虚拟世界空间与计算机屏幕间一个不可见的平面上，一幅高分辨率的图画便呈现出来。顺便说一下，这个不可见的平面就是图形用户界面空间——我们将在第三章介绍。然而关键是这幅高分辨率画(学习者点击博物馆虚拟框画后所呈现出来的)实际上并不是虚拟世界的一部分，即使它们就是同一事物的图片。

可以通过另外的方式思考虚拟世界的定义空间：如果你无法体验现实世界中的东西，那么很可能有同样的体验，如果在虚拟世界程序中发生了，那么就不是虚拟世界的一部分，而是存在或发生在虚拟世界边界之外的。再来看一下博物馆和那幅绘画。如果你穿行于真实的博物馆观看真实的绘画，想“点击”这幅真实的绘画，使其高分辨率版本浮现在面前以近距离观看，这是不可能的事。

基于以上经验的描述，可以尝试总结一下虚拟世界的分界线，即严格地根据对象或体验是否为虚拟世界宿主机应用程序用户界面的一部分来确定。不论虚拟世界还是真实世界，很多方面本身就是界面。真实世界中的任何博物馆都是一个被建造出来以及被装饰过的空间，而对其内容来讲它本身就是界面。悬挂的绘画和展示的雕刻，都是为了给博物馆的参观者提供一种参与体验。这个理由也适用于虚拟世界。不要基于单纯的用户界面信息区分虚拟世界和非虚拟世界体验，从而陷入非黑即白的陷阱中。

此外，基于“真实世界中能否体验”这个经验法则来界定虚拟世界空间的体验边界，是应该加以澄清的。因为真实世界中不会发生并不意味着自动归属于图形用户界面部分。促使虚拟世界成为促进学习的强大平台的一个因素就是它超越了现实体验的某些限制——比如重力和时间。设想一项虚拟世界仿真活动，一个人在学习关于影响轨迹的因素时，在完成练习的过程中能够轻松投掷一头巨象。

到此，希望你对于某部分是否属于虚拟世界的困惑已经减少了（包括关于这些“规则”的主观思考），因此，你也许想知道虚拟世界在哪里。你也许会问，为什么弄清楚虚拟世界在哪里非常重要。或许你想在虚拟世界中放置一些东西让学习者体验，或者至少让其他人知道去哪里找到它。那么，到底虚拟世界在哪里？

世界在哪里？

对于任何能够支持单用户或多用户的虚拟世界，其宿主不外乎两种方式：服务器（服务器集群），或者个体用户的电脑。两者都是虚拟世界部署的好地方，但每种方式各有其独有的优势和缺陷，从而影响某一游戏或仿真的体验方式。

基于服务器的世界

很多虚拟世界使用某个集中地（或者几个地点）一台或多台服务器作为主机。虚拟世界越大，越需要更大的宿主服务器空间支持。部署在集中式网络服务器上的世界有几方面优势。

首先，虚拟世界能够持续运转，意味着虚拟世界中的某些因素可以随时间而改变，即使某个用户很长时间没有登录过。举例来说，如果某一用户拥有一个虚拟农场，她外出度假三周，下次她登录进入这个基于服务器的虚拟世界时，她的所有农作物在这三周里还是一直在生长的。基于服务器的虚拟世界是集中部署的这一事实本身也是一种优势，特别是站在设计开发的角度。当虚拟世界软件架构上发现了漏洞的时候，这种位于某一点的集中部署方式，就使得更新或者打补丁变得更容易（相对于散布在成千上万用户中的方式）。

26

然而，这种基于服务器的世界的“永远运转”也是一种缺陷。从开发的角度上看，更新运行中的虚拟世界的操作可能会导致服务中断，从一些用户体验到小的差错到虚拟世界的完全中断，都有潜在可能。如果出于某种原因必须对虚拟世界进行大的改造，就非常有必要做好中断虚拟世界运行的计划。尽管这类中断通常会礼貌地提前通知活跃用户，但是否选择将所设计的虚拟世界部署在服务器上，这类中断仍旧是要考虑的因素。基于服务器的虚拟世界存在的第二个缺陷就是滞后。因为虚拟世界部署在一台服务器上，而不是用户本地机器，用户与基于服务器的虚拟世界间的网络连接速度（在某一时段多用户虚拟世界会造成服务器流量大增）是用户体验虚拟世界的一个限制因素。缓慢的链接速度和/或高流量会导致服务器上的事件响应与用户本地机器上发生交互之间的大量延迟。

基于本机的世界

基于本机的世界安装在用户本地机的硬盘驱动器上（如计算机、移动设备或游戏机）。本地安装的虚拟世界几乎消除了基于服务器虚拟世界的所有弊端。受限于用户机器的处理器性能或内存容量，基于本机的虚拟世界仍然可能会有一些延迟，这也就是几乎所有基于本机的虚拟世界的计算机应用程序安装都有其对应的硬件要求，这些要求通常会在产品包装（或者产品网站）上列出来。基于本机的虚拟世界值得称道的是，假设满足了其硬件要求，就可以确保用户得到无缝、无延迟的使用体验。另外，由于基于本机的虚拟世界并不需要通过网络连接来传送虚拟世界体验，一般拥有更多的细节，比如使用高分辨率的对象，或者在虚拟世界中应用更多的环境特效等。

27

至于缺点，基于本机的世界一般来说无法持续运转，因为它们无法像基于服务器的世界那样不停地运行。对于那些间歇性活跃的虚拟世界，当用户离开一段时间再次登录系统时，可利用一种或多种使得世界中的元素“加快速度”的算法，从而达到相似的持续运转。非集中部署的本质，也会给开发者带来很大的困扰，因为软件的任何更新都必须分发给所有终端用户，并由每个用户自己安装在自己的计算机或设备上。当然，正如上面所提到的，随着广大用户网络接入速度的提高，这个分发安装过程也会越来越高效。

世界在发展(Worldly Advances)

当然，技术在不断发展。我们用的计算机、移动设备、游戏机，以及还没有命名的未来各种形式数字消费品，其性能、速度、分辨率和逼真度都在不断提升。网络把这些设备连接了起来，其在大小、结构和稳定性上的消长，保持各种技术系统稳定地通信，按需在不同设备间推拉信息。因此，哪些部分在服务器上，哪些在用户本地机上，这之间的界线是不断变化的。

然而，尽管我们现在已经知道哪些属于虚拟世界，哪些不是，以及虚拟世界的运行环境。但仍有一个问题：虚拟世界到底是如何工作的呢？

虚拟世界是如何工作的？

有些人或许会说：“虚拟世界运行的方式很神奇。”好吧，至少真实世界可以称得上神奇。在虚拟世界中，运行方式就简单和实在多了，这是因为虚拟世界中发生的一切都是通过计算机实现的，都是以 1 和 0 的形式在运作。当然，虚拟世界可以很复杂，但从功能的视角来看，它们并不需要神秘。在此，我们将虚拟世界的功能分为三大块：独立的虚拟世界是如何运作的，多个虚拟世界是如何共同发挥作用的，以及多个用户通过网络连接在同一个虚拟世界互动时会发生什么。

建构虚拟世界(World Construction)

正如我们已经提到的，陆地、大气及所有3D世界的对象存在于一个三维XYZ坐标空间内，这个空间规定了虚拟世界的边界。当建造一个虚拟世界时，通常可以先设置陆地，然后放置对象，进而增加大气元素。有时候根据需要，这些阶段可能重复迭代。例如，如果建设中的虚拟世界包含大量的水(比如一条大河从中穿过)，可能就需要在放置对象前先设置与水相关的几个大气要素：水的反射、颜色以及水位等，这是因为这些方面的要素决定了放置某些对象的位置和方式，比如一座桥要架设到河面上，或者要不要把某些对象置于水下。 *28*

通常，虚拟世界中的很多对象不是永久性的，或者实际上并不存在，只有当虚拟世界中的游戏或模拟启动以后才会出现。在游戏开始时出现的这些对象，在运行时被填充到虚拟世界中。其运行时对象群体生成过程可以通过在虚拟世界和对象上附加各种脚本的方式来实现。例如，试想在一个虚拟的大都市，街道上遍布小汽车、公共汽车、卡车、行人和骑自行车的人。这些街道上可能会有不少出租车呼啸而过，把人从一个地方运送到另一个地方。作为虚拟世界的设计开发人员，如果在需要出租车游弋的地方将一个个出租车对象放置在虚拟世界中，这将是非常低效的。此外，你不得不花时间为每辆汽车设置脚本，告诉它如何在满是汽车的街道上穿行并避免撞上其他车辆。

用一大群出租车填充城市更高效的实现方法是创建具备自动填充功能的世界级(全局)脚本，可以自动生成一定数量的满足一些条件(比如一天中的某个时间，或者用户处于什么位置等)的出租车。基于此脚本，可在虚拟世界中实现从每辆出租车的出现，自主的运行，直到完成任务，接着可以同样轻松地从虚拟世界中移除。

一个或多个用户在虚拟世界中探索的时候，为什么在任意一点添加和移除对象是必需的呢？试想如果你独自在真实城市中的街道上行走。你会看到什么？视线所及之处：建筑物、人行道、车道、景观、车辆、行人、动物以及其他很多事物……请注意这里的“视线所及之处”。城市里处处是出租车。然而，当你穿行在一座真实的城市中时，你不会看到所有的出租车。事实上，你只能看到视线范围内没有被如建筑物或其他对象遮挡(或阻碍)的那些。你知道视线之外其他的出租车是在某个地方,任意数量的客人在招手上车或者下车。你无须亲眼看到便知如此,大多数情况下,世界上的一切都在正常发生,你无法看到的那些出租车仍然在履行使命般地不断运行着。城市中超出你视线所及的一切事物都是这样运行的。对虚拟世界来说也是同样的道理。可以用脚本在用户周围生成一小部分世界——一小部分世界是指虚拟世界中定义用户能够感知的那个区域范围。

不管用户转向哪个方向,他(她)能看到的距离范围都是定义好的。假想的划定范围的圆圈起到了边界的作用。在运行时或之后出现的对象只须是用户周围界限范围之内出现的即可。然而这个边界可以随着用户的移动而移动,所以对象出现的范围稍微比用户所感知的范围大一些总是有益的。在用户感知范围之外其他正在发生的任何事物并不需要真正呈现在虚拟世界中,因为用户无论如何都不可能看到。这便带出虚拟世界的关键一点。在感知周围世界的时候,用户都有哪些选项呢?

感知虚拟世界

一个人能够像他(她)在真实世界那样探索虚拟世界,身体在陆地上移动,通过头部的一双眼睛来感知周围环境,并且视野可以转向与身体移动方向不同的地方。换句话说,在眼睛左右环顾的时候,身体可以继续前行,或者身体左右平移而眼睛仍直视前方。在虚拟世界中,这种感知机制是通过虚拟摄像机来实现的,这就是用户的眼睛。因此可以说,如果用户以第一人称视角探索虚拟世界,那么他(她)运动的身体本质上就是一台在环境中穿行的移动摄像机。

如果你之前使用过任何整合了实境3D世界(如计算机游戏)的软件程序,你就会知道第一人称视角并不是感知虚拟世界的唯一选项。第三人称视角也非常普遍。第一人称视角和第三人称视角最大的不同在于后者中用户能够看到他(她)的角色在环境中移动,并且他(她)实际上是悬浮在这个角色一定距离之上的。

对用户来说,在虚拟世界漫游时经常转换视角并非是不寻常的事情。在很多虚拟世界应用程序中,在某些点上有时系统会自动从一个视角转换到另一个视角。例如，当用户在虚拟世界中到达某一基准点，视角会自动从第一人称转为第三人称，而且，软件会开始一个自动的序列，包括让用户的角色做出一些预先写在脚本中的动作，比如穿过护城河上的一座桥并在探索结束之后进入城堡，或者当用户穿过一片虚拟的灌木丛，登上吉普车并开始驾驶的时候，视角从第三人称自动转为第一人称。跨过大桥、开着吉普车穿过丛林，所有我们讨论的这些或许会使你产生疑惑，在我们漫游虚拟世界时到底会发生什么呢？不要急，接下来就是这个内容。 *30*

漫游虚拟世界(World Navigation)

用户在虚拟世界漫游的时候，基于前面描述过的X、Y、Z三轴坐标系统，后台系统会不断收集用户化身的位置信息。当用户在虚拟世界中穿行时，对这些位置坐标持续不断的分析，就能够为用户提供准确的周围环境，记住用户的感知范围同时添加或者删除虚拟世界中的对象。

为了在虚拟世界中移动，用户可以通过几种方式来控制他(她)的化身(或是摄像机，第一人称的方式)。通常都是通过组合键进行方向控制(如四个方向键)，或者通过鼠标移动和按钮点击控制摄像机的知觉注视(当然，是在第一人称模式下)。很多时候，额外的一些组合键可用于改变定向移动某些方面的属性，比如在按下方向键的同时按住一个特定键，可以由走变成跑。作为教育虚拟世界的设计者或开发者，可以为个体用户提供几种不同级别和/或类型的控制方式，可依据虚拟世界的境脉和学习目标来确定。

这样的决定涉及虚拟世界漫游独特的方面：瞬移。* 现实世界中我们还没有开发出可用的瞬移装置，因此我们的这类活动被限制在了虚拟空间中。然而，对虚拟世界漫游来说，瞬移却是一种便利的方式。不管两地之间“地理”距离多远，用户可以瞬间把他(她)自己从一个坐标点瞬移到另一个，甚至是处于不同虚拟世界的两点。这就像DVD电影不同场景的切换，或者一本书不同章节的跳转。假设一个用户在虚拟世界中经常访问的是三个地方：警察局、餐厅和一个犯罪现场，用户不必费时从一个场所移动到另一个，而只需通过瞬移功能在几个场

---

* 瞬移：科幻用词，瞬间可把人或物运输到远处。——译者注

所间即时瞬移他(她)的角色。作为设计者,你可以决定在程序中是否为用户提供该功能。

最后来看一下个人飞行。通过努力,人类终于有了相当奇妙的机器实现空中快速的穿行,从热气球到超音速飞机以及火箭推动的宇宙飞船。然而直到如今,仍没有人在不借助附加技术的情况下能够成功地保持沿某种轨道在空中飞31 行。幸运的是,在虚拟世界中,用户可不借助任何帮助而自由飞行。而这完全由虚拟世界设计者和开发者说了算。

如果你想让用户在没有任何帮助的情况下飞行,请随意!需要做的就是不借助任何额外设备,把用户角色或者摄像机(在第一人称时)移动到周围环境中高于地面的某一个坐标空间上。一旦用户达到了这个高度,他(她)就可以随意飞了,只要保证目标飞行路径不会让他(她)脱离该虚拟世界的边界空间。这就引发了虚拟世界另外一个有趣的问题:当用户到达了虚拟世界的边界时会发生什么?

在边缘生存(Living on the Edge)

一切都有尽头,虚拟世界空间也不例外。目前,无法创建无限的连续空间。但一些复杂的游戏引擎可以按照需求动态建造虚拟世界陆地,使用户产生无限连续空间的幻觉。无论哪种方式,在任何特定的时间,定义虚拟世界的任何三维坐标空间都有上界和下界。当用户处于坐标边界位置时,就可以正式说用户就到达了虚拟世界的边缘。尽管过多的神话描述了无数妖怪生活在虚拟世界边界之外,但对用户来说越过边界是不可能的。根据虚拟世界中存在的陆地类型,世界边缘的地平线可以很平坦,也可以是悬崖峭壁。对于能够繁忙地动态建造陆地的复杂游戏引擎来说,这儿就是动态建造开始的地方。

大多数情形下(除动态陆地生成外),虚拟世界的边界会产生问题。如果用户能够持续移动越过边界时,会坠入虚空,永久地坠向无尽的黑暗。作为设计者,我们应该如何避免用户永久跌落的可能,保护用户的一种简单的方法就是不要让用户离虚拟世界的实际边缘太近。

如果你不想让用户离边缘太近,可以通过添加全局脚本(world-level script)来实现,在虚拟世界中定义一个预设的边界范围,当用户靠近这个区域的时候,能够阻止用户继续向前运动。如果说世界纵横 10 000 米，意味着在 XY 坐标空间内，世界的坐标空间从 −5 000 延伸到 +5 000。作为设计者，你可以定义一个活动范围把用户限制在稍微小于世界边界的虚拟空间中，从而使用户无法实际到达边界区域。图 2.6 给出了一个世界空间顶视图。外围的矩形代表世界的边界，内部的圆形代表可活动区域。

32

在世界边界和活动边界间好像还存在一个小问题。你能发现问题所在吗？如图 2.6 所示，世界中会有某些地点，虽然用户不至于靠近边缘以致跌落，但视线还是会超越边界。对于任何世界来说，为用户设计沉浸式体验（an engaging meso-immersive experience）时，你肯定不希望出现这种情况。如何才能避免用户视线穿越虚拟世界的边界呢？

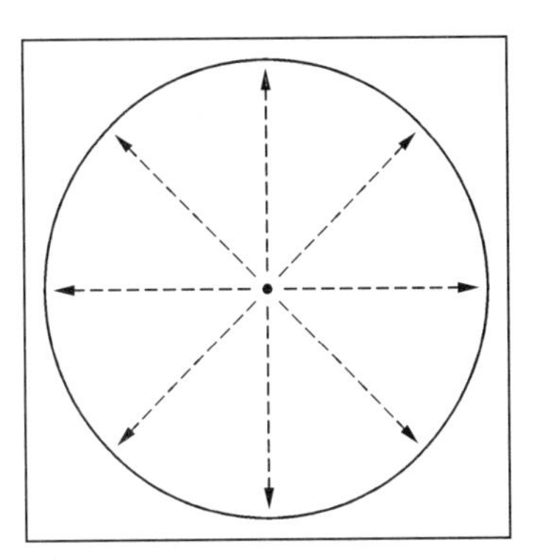

图 2.6　世界的边界和活动边界顶视图

还记得知觉的缓冲区吗？比如有这么个世界，假设用户的感知缓冲区最大是 200 米（你可以将感知缓冲区理解为视野）。那么，应当定义世界的边界和可活动区域间的距离大于 200 米——甚至只要 201 米就够了。或者我们可以这么来理解，感知缓冲区的半径应该永远小于世界边界和可活动区域之间的距离——从而保证用户视野永远不可能超越边界（即使他到达边界，到达以前新的陆地会建造出来！）。

如此，我们已经可以避免用户从边缘跌落。也可以避免用户看到边界之外那漫无边际的黑暗的虚无。我们对知觉方面的出色处理中还遗漏了一件事情。你猜到了：地平线。想象一下，如愿以偿地爬上了喜马拉雅山脉一座陡峭的山峰后，你坐在峰顶，品着一杯茶。当你愉悦地呷了一口大吉岭茶*，四周凝望，360 度地平线尽收眼底。据当时的天气条件和你的视力情况，在每个方向你都可以看得很远。远处的某个距离是你视线的边界，这就是你的视线所及范围；不论你能看多远，视觉范围的边界定义了你的知觉地平线。作为虚拟世界的设计者，你

33

* 印度大吉岭地区产的一种红茶。大吉岭茶因为其冲泡后浅金色的光泽和麝香葡萄一样的口感而备受赞赏。大吉岭茶被誉为“茶中香槟”。——译者注

必须负责知觉地平线的实现。

即使可以避免用户因为靠近边界而跌落或者视线穿越陆地边界的情况，但他(她)仰望天空时视线仍然可以穿越边界(就像我们在真实世界里所看到的那样)。在虚拟世界中，采用天空盒子(skybox)或者天空穹庐(skydome)可以制造一种视力可及范围的幻觉。天空穹庐是一个半球，充当一个知觉泡泡，从地面到空中，环绕在虚拟世界的上方。什么？真实世界中天空没有顶……疯话！

你是对的，但请再想象一下你在陡峭的山峰上。向西望出去，一直看到地平线。现在把视线抬高直到你开始竖直地看向天空。保持你的视线竖直，把你的身体转 180 度，现在面向东方。视线下移，直到看见东方的地平线。刚刚通过眼睛完成的知觉之旅覆盖了 180 度球面。刚好是半球体，正像覆盖于虚拟世界之上的天空穹庐的形状。眼睛行程的一半，当你笔直向上看的时候，从水平线到半球顶点刚好是 90 度角。如果你有一只搅拌碗，把它反转扣在平地上。碗中的就是你的虚拟世界，而碗就是天空穹庐。

围绕这半球体的底部，你可以安排一系列通用的风景图片(海洋、森林或者草地绵延至一望无尽的地平线)，当用户在虚拟世界中向任何方向凝视远方时，这些图片可以充当视觉栅栏。沿虚拟世界的水平边缘，这些图像沿水平方向融合在一起，构成了无缝的 360 度视野。通常情况下，这些图像的顶部边缘可以完全充满着奇幻色彩的天空(所有图像都是相同的)，从而使这些图像可以很容易地与天空的颜色完全融合在一起。如此，视觉栅栏内部，图像顶边之上的彩色天空穹庐与图像本身之间就可以产生无缝过渡(正如用户抬高视线看向天空时看到的虚拟云彩)。想象一下，这正如一系列的卡片贴在搅拌碗里面的下边缘。

综上，加上最后的地平线细节，我们已经考虑到了所有的角度，对于那些喜欢冒着危险在虚拟世界边缘探索的用户来说，保证了知觉、幻觉所需要的无尽视野和天空。尽管有些时候，我们的确想让用户越过世界的边界，并且希望用户对此毫无察觉。

34

多个世界

虚拟世界作为内容互动剧场，导致其应用程序可能相当具有扩展性，其境脉空间比单一世界机制需要更多的版图。试想一款教育冒险游戏，前往各种遥远的地方考古挖掘，将整个人类存在史的各种古代文明的线索放在一起。星球的整个地貌(满足游戏卖点达到现实主义的精细要求)要局限在一个虚拟世界吗？不，对于实现了这些虚拟世界的应用程序，可以通过多个虚拟世界的各种结合，来创建整体境脉空间。这样组合使用多个虚拟世界的例子包括：游戏等级，嵌套世界，并列世界。

游戏等级

许多商业的虚拟世界，概念上都是由一系列不同等级的游戏构成的，后续等级难度逐渐增加。作为沉浸式游戏，每一等级会包含一个或者多个虚拟世界，如果同一等级里面虚拟世界超过一个，这些世界或者嵌套或者并行，我们稍后会讨论它们。可以把这些等级看作迷宫中的一系列房间，每个房间的布置从入口到出口越来越难，也许后面的房间比前面的有更多的怪物(或者更聪明的怪物)。通常，安排这种基于等级形式的单一世界通常会以线性的形式展开，等级之间有明显的视觉中断，比如游戏屏幕淡出为黑色。

嵌套世界

虚拟世界之间可相互嵌套。嵌套的时候实际上并不是一个在另一个之内(像你见过的蛋形俄罗斯套娃)。相反，这些嵌套世界是以一种层级方式的概念连接在一起。(如图 2.7)

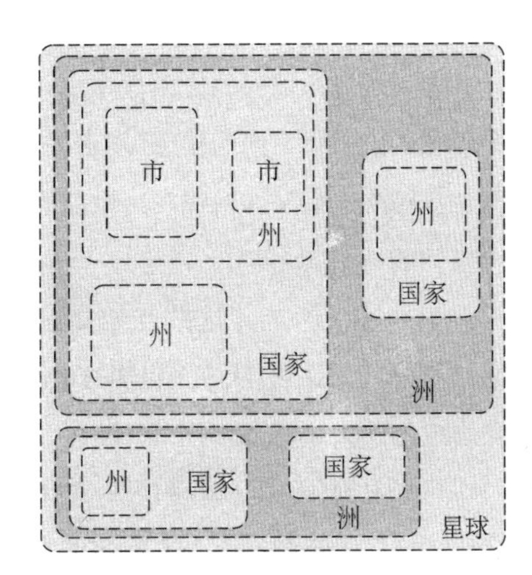

图 2.7　嵌套世界示意图

这幅图呈现的是用户应该体验的虚拟世界的排布概念地图，此时用户在概念地图最远端(外面)的虚拟世界探究。概念地图层次结构内的每一个内部世界都代表一个可以被用户察觉的空间，像是嵌在某个外部世界的空间“内”。举例来说，假设外部世界是海洋中的一个岛屿，这个外部世界层次结构

35 内的内部世界会被架构在这个岛屿上。岛屿上山里的一个巨洞就可以是一个内部世界。或者是岛上的一座别墅(也许是邪恶的小人意图统治或破坏世界的巢穴)。这些世界,作为独立的实体安置在用户本地机——或者服务器上,甚至多台服务器上——通过应用程序脚本链接在一起,确立并维护了游戏设计的概念层次结构。

层次结构可以是多级的。试想岛上的府邸。有多个楼层,偌大的地下室保存着坏人作恶的邪恶技术。府邸的每一层上都有很多不同的房间,从技术上来讲,每个房间世界都嵌套在地板世界中,地板世界嵌套在府邸世界中,府邸世界嵌套在岛屿世界中,而岛屿世界……好了,你已经明白了。

并列世界

世界可以以非分层的方式彼此链接——或者说是并列。每个世界至少一边会"接触到"另外一个世界。(如图 2.8)

36

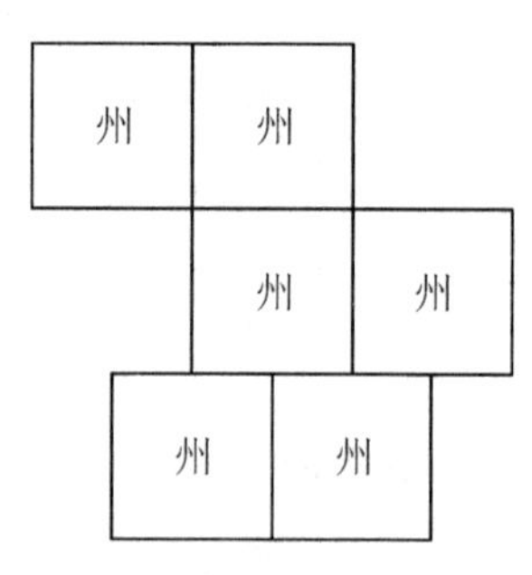

图 2.8　并列世界示意图

制图人员使用网格通过经度和纬度来划分现实世界(地球)的地理空间。在虚拟地球里,每一个方格定义了一个世界个体的边界。当用户从大陆的一端到另一端,他(她)会穿过若干个并列的世界。这些世界可以是水平的,垂直的,或者二者兼有。

在实现虚拟世界的应用程序中并列世界还有其他的实际应用。一个例子就是坏蛋的别墅中不同的楼层(垂直并列)或每个楼层不同的房间(水平并列)。一大块虚拟外太空又如何呢?这可能需要垂直和水平并列世界同时作用,代表整个空间的每个 3D 部分。

于是,我们就有了这些互相接触的世界,像大家庭一样共处。这是个好消息。不过,当用户想从一个世界穿越到另外一个会发生什么?例如,由 3D 世界集合成的一大块星云,两个行星在这块星云的两个相对的角落里,如果用户想从一个行星飞到(而不是瞬移)另一个上面会怎么样呢?是的,他(她)打算驾驶他(她)的宇宙飞船穿过几个不同的世界到达那里。

从一个世界到另一个

作为设计者,你需要确保世界与世界之间在需要的时候可以无缝过渡。就像电影中镜头之间的切换,在某个单等级的游戏或者仿真的世界间过渡,最好是感觉不到。设想一下:一个用户,以第一人称的视角体验虚拟世界,在有坏人居住的岛屿世界巡游。当用户抵达别墅时,他(她)穿过前门。前门充当了两个嵌套世界的传递大门(岛屿世界和别墅世界)。当用户穿过前门时,他(她)不应当注意到有什么不寻常,对吗?当你下班后回到家,穿过起居空间的前门,会发生什么?在你的经验里,你会注意到间隙吗?除非你有酷的、新的超自然力量发现了什么没被探索过的其他的世界,否则对上面所有问题的答案应该是响亮的"没有"。你穿过大门,没有任何特别的事情发生。你继续往前走,你的直觉没有任何障碍。在一个嵌套的等级世界里,从外部世界过渡到内部世界也是如此,同样在两个并列世界里穿行也不会有任何意外的察觉。

37

如果你仍然困扰于无缝过渡的概念,请思考下面的路径。用户进入了别墅(外部世界到内部世界)。在别墅的第一层,他(她)在别墅的一楼穿过几个房间(并列世界)。在某个时刻,他(她)在书房里发现了一个神秘的楼梯井(嵌套世界),研究了一下发现它是通向地下室的(并列世界),那里存放着坏人的大规模杀伤性武器。在地下室的后面,是一个神秘的电梯(嵌套世界),是坏人的逃生通道,通向一个岛上洞穴(并列世界)中的逃生舱。

在用户穿梭于这些世界中的每一个时,整个行程应该是绝对的无缝体验。即使用户已经穿过了几个不同的世界,从别墅的前门,到洞穴底部的逃生舱,这整个经历感觉起来应当像发生在一个大的世界中。不过,多个用户在同一个世界(或层级世界)中交互时,会发生什么?这种情况通常只发生在线上空间,幸好,这是本章下一部分要讨论的话题。

网络化世界

在设计或获取多用户同时在线使用的虚拟世界应用程序时,要牢记三件主要的事情:世界实例,表征性化身以及声音问题。

世界实例

大多数时候，当两个或更多用户同时与同一虚拟世界交互时，实际上他们并不在同一个世界中。哦，是在同一世界啊，但实际上不是的。还记得我们前面提到过的出租车对象吗？在模拟过程中的任意一点，可以将同一出租车的许多复制品（或实例）添加到城市世界中。同样的概念适用于基于网络的多用户世界。用户 A 和用户 B 在同一岛屿世界中交互，但每个用户使用的是自己本地机上的不同世界实例。

38

好消息！这允许作为设计者的你，在同一世界中同一时间，使每个用户在某些方面的体验维持分离和类似的平衡。如果现在这使你感到困惑，不要着急，后面的章节我们将会更全面地描述这样的平衡保持。然而，继续考察这个与分离类似的概念脉络，如果用户 A 和用户 B 刚好在岛屿世界中路径交会，会发生什么呢？

表征性化身

在多用户世界中，虚拟世界中所有人类驱动的角色都一直由化身所表征。这就意味着即使用户以第一人称视角探索世界，仍旧有一个化身代表用户在环境中穿行。有了作为附属的代表性化身，当用户之间进行交互的时候，即使双方都是第一人称模式，每个用户会看到一个作为其他用户表征的可识别的角色，而不是不可见的摄像机。这就可以消除两个不可见的人试图互相对话（或者一次好玩的格斗对决）时的困惑。

在更严肃的场合，设想两个人在一个培训紧急医疗技术人员的虚拟世界项目中，其中一个是受训者，另一个是虚构的伤员。受训者必须与这个假的伤员的代表性化身进行交互以便应用针对当前情况的紧急救助。如果伤员角色没有代表性化身，这样实现起来就很困难。

代表性化身在单一用户的虚拟世界中实际上也是有用的。在现实世界中，当你走过一家商店的橱窗、雨水洼，或者一面镜子，会发生什么呢？对了，你会看到你自己的映像。如果这个层次的细节要作为虚拟世界设计考虑的要素，那么当虚拟世界的用户进入到这些反光表面的知觉范围时，就需要有一个代表性化身附属到角色上。幸好在单用户世界中，你一般无须担忧用户与他们自己对话，但在那些多用户世界中如何实现用户间的对话呢？

声音问题

如果你玩过基于沉浸式虚拟世界的流行商业在线游戏，你可能已经了解一种或多种同样适用于游戏内以促玩家在游戏中对话或谈论游戏的辅助程序。通常，这些软件应用被称为“语音聊天”程序，这类程序的一个例子是 Mumble（见 http://mumble.sourceforge.net），这个程序恰好是开源的。这些程序使得人们在虚拟世界中互相交互（或与其他对象和角色）的时候可以通过 VOIP（Voice Over Internet Protocol）* 连接并互相对话。 39

虚拟世界内音频会话另一个有关设计的问题是声音定向。声音的方向性是世界内对话的一个选项，即两个玩家使用语音聊天软件互相对话时，听者听到讲者的声音就好像是从讲者相对于听者的方向传来的一样。看一下在岛屿世界里任一随机位置的三个用户之间的空间关系（图 2.9）。

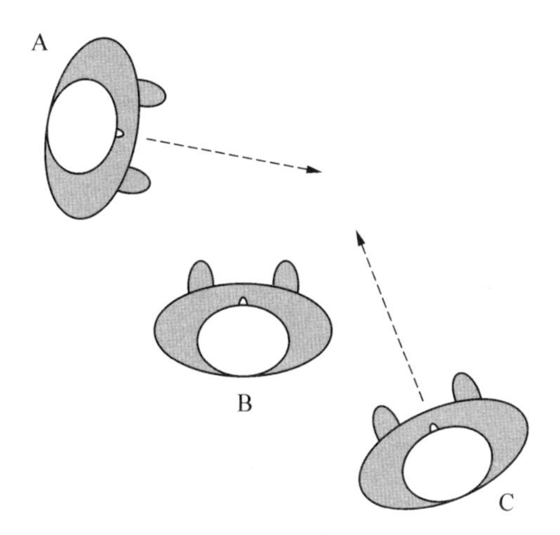

图 2.9　岛屿世界中三个用户(A、B、C)的顶视图 40

用户 B 试图说服用户 A 和用户 C 在河边与他（她）会面。他（她）间歇地与每个用户进行对话。当用户 A 回答时，他（她）的语音好像来自用户 B 的左上方。当用户 C 回答时，他（她）的语音好像来自用户 B 的右后方。顺便讲一下，或许你对此感到好奇，三个用户最终要团结起来，战胜邪恶的坏蛋，阻碍他（她）

---

* VoIP（Voice Over Internet Protocol）基于因特网协议的语音传输，是一种以 IP 电话为主，并推出相应的增值业务的技术。——译者注

的主人统治世界的计划。

结论

以上我们大概讨论了世界的机制。我们接下来将进一步探讨沉浸式体验的另一半:图形用户界面(GUI)。回顾一下,本章中我们在三维沉浸式虚拟应用程序的境脉中定义了世界和图形用户界面(GUI),描述了世界是什么、在哪里以及它是如何运作的。希望你已经吸收了此信息的主要部分,并学有所得。尽管如此,为了帮助你更深入地吸收和综合,下面我们提供了更多的例子、一些自主活动和练习,以便你可以继续探索该主题。

测试你的理解

1. 用你自己的话描述一下虚拟世界的边界。
2. 在虚拟世界中,脚本和对象是如何协同工作的?
3. 试述嵌套世界与并列世界的区别。

学习活动

1. 用绘图纸(坐标纸)标出一个对象的三组 X、Y、Z 坐标,并尽量用一个小对象(如乒乓球)尝试复现一下那些空间位置。

2. 以一系列嵌套世界和并列世界的形式绘制一幅概念地图,描述你所生活、工作和学校学习的地方,从国家(或行星或太阳系)一直到建筑物中同一楼层的不同房间中所有的这些。

链接

http://mumble. sourceforge. net——网站信息:“Mumble 是一款开源、低延迟、高质量的语音聊天软件,主要用于游戏。……Mumble 是一个群体聊天程序。虽可用于各种活动，但这个软件主要还是为游戏而开发的。”

其他资源

41

游戏引擎是构建虚拟世界的主要工具。如果你是喜欢鼓捣的类型，那么你是幸运的。有大量免费的优秀游戏引擎可供你实验。如果你不只是一个橱窗购物者*，那么下面这些链接可以给你提供游戏引擎世界的自助大餐。

www. devmaster. net/engines——网站信息："这个数据库致力于为你提供当前网络上关于引擎的最准确、最新的信息。每个引擎包含一个简单介绍以及功能特点的清单，还有其他一些通用信息(平台、API 等)。"

www. moddb. com/engines——来自"about"页面："Mod DB 是致力于支持独立游戏(用户产生游戏内容)开发的最大网站，包括游戏增强(mods)、插件(addons)和 DLC(扩展包)。Mod DB 的目标是把游戏开发者、玩家联合起来，汇聚双方的想法，促成大家共同塑造好玩的游戏。"

* 橱窗购物者：只逛不买。——译者注

42

第三章　虚拟世界的机制：图形用户界面(GUI)

简介

与第二章一样，本章的目的也是为了区分任意虚拟环境中的两个主要组成部分：世界和图形用户界面(GUI)。在第二章我们已经探讨了世界，本章我们将深入探究图形用户界面的构成。我们将运用大量的例子描述图形用户界面是什么(不是什么)，以及它是如何工作的。

定义世界和图形用户界面

如果你是直接跳至本章，那么让我们从定义开始。基于本章(及全书的其他部分)的需要，我们将世界定义为学习者可以移动他(她)的表征性化身的三维坐标体验空间。同样，我们将图形用户界面定义为虚拟世界与用户间的交互式视听信息反馈系统。

图形用户界面

第二章中，在描述虚拟世界是什么或不是什么的整个过程中，我们常常会提到图形用户界面的存在，以此作为划分虚拟世界某些方面边界的一种方式。因此，我们将会对GUI作相同的处理——告诉你什么是GUI，什么不是以及它是如何工作的等一些基本知识。

什么是图形用户界面

43

谨记，GUI 代表图形用户界面。从本质上讲，在探索真实世界时，任何通常接触不到的信息内容（形式上、功能上或两者皆有），都极有可能成为沉浸式虚拟世界应用程序中图形用户界面的一部分。在这种应用程序中，GUI 是辅助用户与世界进行互动的平台。通常情况下，该信息存在于用户与虚拟世界空间之间。如果你将一块有机玻璃放置在你的脸与所处的世界之间，这也许就是 GUI 的空间。

设想一个寻找食物的真实场景，GUI 可能会派上用场。绝大部分人类不再是狩猎采集者，但我们仍然需要寻找食物来养活自己，即使是来自工厂的袋装食品。但是更为乐观，试想一次当地农场、集市的旅行（图 3.1）。当购买适合你烹饪需求的农产品时，常规的程序通常是到市场各个摊位走一走，这些摊位一般会按照有机生产或常规种植进行分隔，都是农民们的劳动成果。你可能会走近几个摊位，挑拣一些农产品并和农民交谈，或许对某些摊位甚至看都没看一眼。一旦你钱袋空了，装菜的袋子满了的时候，就会将买的农产品装入自行车的车篓中，踩着踏板骑车回家。

44

图 3.1　当地一个农贸市场

具体地考虑你在某个特定摊位的交互（互动），也许一位当地居民专门出售核果（例如，李子和桃子）。你走近摊位，首先注意到的是摊位前的标志，说明农场的位置和全部农产品都是合格的有机产品（包含认证机构的标志）。也许你会质疑由特定组织实施的认证标准。如果是在虚拟体验中，你可能会推拉呈现在你和摊位间屏幕上的半透明窗口。这个窗口将包含特定有机认证组织实施标准的信息。也许你会再拉出其他认证机构的标准信息进行比较。

为什么这很重要？也许这位农民选择的有机认证方法达不到你希望消费的食物标准。在与农民交谈之前，得到这些信息有助于提出恰当的问题，并且明确在其他更好的认证标准中为什么选择这个特定组织。然而对于虚拟世界，关键的一点是，你能够看到这些信息，并与各种有机组织的信息进行比较。并可以将其与在真实世界中不可能呈现的大量有机组织进行比较。因此，这类信息（比较的功能）当然成为虚拟世界应用中 GUI 的一部分。

GUI 通过为用户提供的机制，来支持他（她）在虚拟世界环境中直接执行活动。GUI 的内容包括提供给用户的所有视听觉信息和反馈，这些不是直接由虚拟世界环境发出的。下面让我们深入探讨每一部分更详细的内容：功能和形式。

GUI 的功能

正如我们所描述的那样，GUI 的功能，能够便利地补充用户与世界的交互。这种便利主要基于用户与系统的推/拉关系，通过对相关信息的可视化表达来实现，用户和系统通过一种或多种交互渠道反复推送和拉取信息。

45

不同的沉浸式虚拟体验通过 GUI 显示提供了不同水平的交互。有一些可能是趋向于被动消费（passive consumption）的，很像那些经常在大部分有线电视新闻频道屏幕下方滚动的股票显示条。用户是被动的，因为除了消费不能对这些信息做任何事情。在为学习而设计的虚拟世界中，当用户完成虚拟世界中的学习目标时，图形用户界面中的大部分信息应该被用户积极地使用，否则，这些信息就不应占据如此宝贵的屏幕空间。用户可以浏览图形用户界面（GUI）呈现的信息，根据世界将要发生什么作出决定，然后采取行动改变世界中的行为。GUI 为用户提供的最后一个功能，就是积极地产生信息。GUI 中的工具可根据用户在世界中的交互行为产生信息。例如，用户以科学家的角色在虚拟的流域中调查一个或多个生态问题，可以使用数字记录簿记录观察到的现象。

GUI的形式

随着虚拟世界中支持用户体验的技术平台的逐渐改善，GUI变得更加动态与先进，包括在任何特定时刻，GUI都可提供用户体验的可视化及交互形式。即使如此，通常将GUI分为两种形式：独立于虚拟世界的GUI和整合在虚拟世界中的GUI。

如你所料，独立型GUI在沉浸式虚拟应用程序中与世界保持一定程度的视觉或形式的分离(图3.2)。如图所示，这些独立的GUI通常与虚拟世界没有空间重叠。用户必须将注意力集中在世界或者GUI上，但是如果试图同时查看可能会导致斗鸡眼或头疼。

图3.2 具有独立型GUI的虚拟世界

然而，集成式GUI能够很好地与世界空间交织在一起。但是，通常情况下，这些GUI作为半透明层存在于虚拟世界与用户间，很像之前提到的有机玻璃片。这种类型的GUI通常用在实现大部分商业性游戏的较先进的技术平台中。平视显示器，或HUDs*(图3.3)是该类型GUI对真实世界的模拟。

* HUDs：head up display，平视显示器，多用于航空领域。——译者注

图 3.3 大型飞机上的 HUD

某种类型的 GUI 是否优于另一种？答案取决于设计师(或购买方)对提供最佳解决方案的虚拟世界的需求，或虚拟世界的学习目标。从严格的认知角度看，用户通过集成式 GUI 比独立型 GUI 付出更少的心智努力(第四章我们将探讨虚拟世界认知方面的内容)。在设计或购买学习用的虚拟世界应用程序时，最好把 GUI 作为学习平台，因为学习者在应用程序体验的过程中获得的大部分结构化信息均来自 GUI。 46

47 什么不是 GUI

我们已经知道什么是或不是虚拟世界。而且我们也知道何为 GUI。但是哪些不是 GUI 的内容呢？如果它存在于世界中，就不属于 GUI。或存在于 GUI，就不在世界中。或者说，发生在虚拟世界边界内的任何事情，如我们生活的现实世界中能够被正常感知的就不是 GUI 的一部分。这看起来很简单，是吗？

也许掌握这个概念有些难度。一个例子兴许会有帮助：试想一台空袭警报器(图 3.4)。可能你不知道什么是空袭警报器，在战争时期，当反对势力准备空袭城市时，它用来提醒市民。从而能够使市民采取适当措施避免在城市建筑物损坏时受伤或死亡。空袭警报非常有趣，它有着独特的声音——极像海象发出的噪音，只是它没有海象那样的牙根管。

图 3.4　建筑物屋顶上的空袭报警器

不管虚拟世界应用程序的主题是什么，在 GUI 中这种独特的声音作为一种公认的通知机制迟早会派上用场。完全相同的声音会出现在世界中，尤其是那些再现二战中脆弱的欧洲城市市民体验的虚拟世界。从 GUI 到世界，这种声音的形式是一致的，但是从一种形式到另一种形式的功能是不同的。 *48*

可视化元素也会发生同样的现象。再看看飞机驾驶舱(图 3.3)。在大多数飞机驾驶舱里都能看到仪表的物理实体，它是在现实世界中存在的有形对象。

同样的驾驶舱仪表可以作为 GUI 元素，以图形化的方式，呈现在飞行员(用户)与他(她)的世界视野间——就像大多数商用飞行模拟器应用程序一样。在这种情况下，飞机本身并不真正存在于虚拟世界中——飞机具体呈现为一个摄像机，而 GUI 则创建一个可视化形式，这种形式不仅能产生真实机身的错觉，而且能为飞行员提供反馈机制。也许一个类似的驾驶舱本身可以塑造成一个虚拟世界。在驾驶真实的同款飞机前，飞行员的部分培训项目可以在这样的虚拟世界中完成，比如学习飞机驾驶舱的空间布局。

希望关于形式与功能的这些讨论能够使你更好地理解 GUI 是什么或不是什么。你也许仍然很好奇，想知道关于功能的更多细节问题，幸运的是接下来我们就要讲述这些。

GUI 如何工作?

正如我们之前提到的,GUI 作为虚拟世界中交互的一种外部界面——补充或扩展了用户在世界中交互的范围。在任何情况下,GUI 的功能都会直接或间接地与世界的运行方式相关联。驱动 GUI 的软件应用程序可以独立于世界或集成在世界中,由应用程序(或系统应用)与世界产生的数据的交互方式而定。

49

GUI 应用程序与虚拟世界数据的集成(或独立)水平决定了 GUI 的开发过程。使用现代虚拟世界开发工具,GUI 应用程序可以与世界分开而独立开发——如果必要的话,也可以分为多个片段或阶段进行开发(由多个程序员完成)。在虚拟世界应用程序的终端用户(学习者)体验方面,无论集成式或独立式的 GUI,设计 GUI 时都应当尝试一下,从而保证 GUI 的开发相对独立且可以与世界的开发同步。此外,GUI 的设计应该遵循一个原则,即不破坏世界的运行方式,可以更改或替换整个 GUI。(反之亦然)

从第二章到此处,我们已经讨论了虚拟世界和 GUI 的来龙去脉(它们是什么,不是什么,其如何工作)。在描述虚拟世界及 GUI 所有属性的过程中,许多重叠的例子已经有所提及。本章的下一部分将探讨这一重叠导致的关系。希望通过重叠的探讨使你更好地理解它们如何工作,深入了解这些虚拟世界能够为学习提供哪些可能性。

GUI 与世界之间

随着面向学习者的沉浸式虚拟体验技术的日益复杂,虚拟世界与 GUI 将会逐渐融合。最终,虚拟世界将会成为 GUI(或者说,在技术上,目前 GUI 实现的功能将会完全集成到虚拟世界对象中,从而 GUI 本身将会消失)。

在完全整合之前,GUI 与虚拟世界必须不断沟通从而为穿越世界的学习者提供无缝的互动体验。世界与 GUI 的交互可以分为三类:互动,导航,反馈。信息推拉框架(Information push-pull framework)能够最佳描述世界与 GUI(用户)间发生的每种交互类型。简单地说,当系统将信息推送给需要的"客户端"(学习者）时，信息推送发生，当客户端/学习者向系统请求信息时，信息拉取发生。为了更好地理解推拉关系在三种交互类型中是如何体现的，假设有这样一个例子：*50* 学习用适当方法识别植物群的虚拟世界应用，或者更具体些，识别不同种类的树木。我们将这个应用程序称为"寻找树木"。"寻找树木"应用程序的目的，是让学习者能够像在真实自然环境中一样去探索开放式虚拟自然环境，学习识别树木的适当方法。

在这个例子中，我们将讨论树种识别的一种特殊方法，围绕给定树叶作出一系列判断——包括叶纹，枝刺，叶缘，叶序，叶裂片。如图3.5所示的决策树呈现了使用这种方法识别特定树木时，可能的一系列判断。当学习者探索"寻找树木"虚拟世界时，这种方法为学习者个体识别树种提供了适当的脚手架。

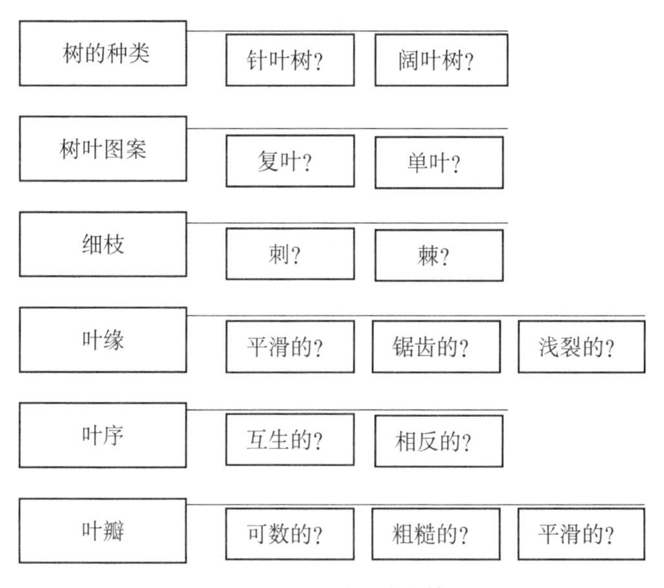

图3.5　识别树木的决策树

交互

交互包括大部分的推拉操作。学习者想与虚拟世界交互，（大部分）要通过GUI。这些交互是学习者信息需求的组合。为了更好地理解这些交互如何发生。让我们来看看学习者如何与"寻找树木"GUI进行交互。

苏珊娜是一名非常喜欢树木的中学生。她并没有意识到，但是她如此喜欢，*51*

以至成为了一名有抱负的树木学家。她正在探索“寻找树木”虚拟世界，将她的虚拟化身定位在一棵虚拟树前：一株漂亮的，高 100 英尺的糖槭标本，通常称为糖枫树。她准备使用寻找树木 GUI 开始识别，我们准备了交互如何发生的简化图表（图 3.6）。

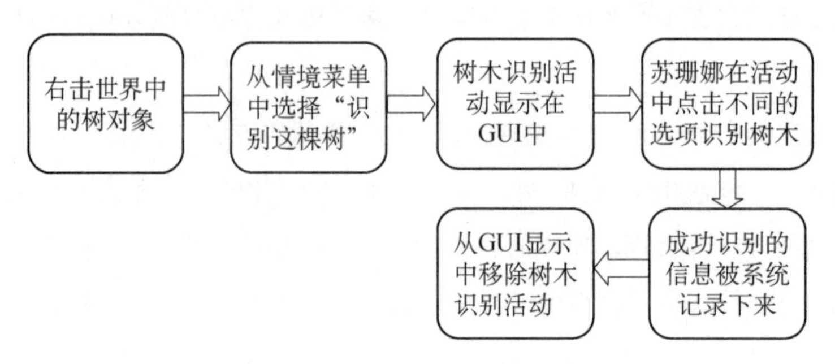

图 3.6　苏珊娜识别糖枫树

正如你所看到的，在 GUI 的帮助下，树木识别过程是相当简单的。然而，为了能够首先与树木交互，苏珊娜必须到达“寻找树木”世界空间中树的所在位置。然而，苏珊娜如何才能首先到达树木位置？而且，当她识别出繁茂的糖槭后，接下来她该往哪走（或者，如何走）？通过我们接下来将要描述的导航过程，苏珊娜就可以从一个地方到另一个地方。

导航

在“寻找树木”世界中从一个地方移动到另外的地方，苏珊娜有很多选择。52 她可以直接操作她在虚拟世界中的化身，或者运用 GUI 中一种或多种工具提供的位置移动命令（以某种形式），使她的表征性化身在“寻找树木”世界中移动。世界中的导航是信息拉取操作，基于 GUI 的导航通常是根据系统向用户推送信息的拉取操作。导航的这两个选项可以体现在许多方面，取决于“寻找树木”应用程序如何设计与开发。

我们假设“寻找树木”的设计者已经实现了移动机制，允许使用键盘上的方向键直接导航世界空间。苏珊娜在“寻找树木”世界中的移动化身极像在真实世界中身体的移动。如果想让化身往前走，她就可持续按下“向上”键。要感谢设计师，使她穿过世界时可以环顾四周，组合使用方向键与移动鼠标——方向键控制身体移动与方向，鼠标控制视线范围（上/下/左/右）。

设计者在虚拟世界中为苏珊娜提供了额外的移动选项，在不同情况下她可以借助多种可能的传输模式，例如，在世界中要实现其他目标，或游荡一会儿后就能轻松找到这些交通工具。在这种情况下，苏珊娜可以骑自行车从一个地方到达另一个地方，这比步行更快，而且后来她巧遇一辆吉普车，因此可以在更短的时间内到达虚拟世界中更远的地方。

也许苏珊娜能够使用相同的方向键控制自行车，或者设计者可能为替代性的交通方式提供了另外的独立控制方式——这取决于他们希望，与在世界中行走相比，骑自行车进行物理移动的真实体验程度。换种方式思考——苏珊娜操控自行车的难度有多大？和真实世界中一样吗，因为如果她不关注自行车的掌控，将无法保持稳定性，甚至增加摔倒的可能性。不管怎样，当她从一个位置到另一个时，现实的自行车经验水平将会影响她对环境的洞察力——她可能会也可能不会注意到树木的某些独特的特征，然而如果步行而不是骑自行车就会发现。

对于吉普车是同样的道理。如果苏珊娜选择驾驶吉普车从一个地方到另一个地方，她有更大的责任保持对车辆的控制，这取决于设计者所赋予的真实性水平（真实性越高会导致更加复杂的控制）。由于吉普车功能的复杂性增加，导致苏珊娜与虚拟世界进行额外交互的控制需求增加，GUI 需提供额外反馈。正因如此，GUI 通常作为补充机制帮助用户在虚拟世界中畅行无阻。

53

在现实世界中，我们经常使用辅助导航设备。GPS 越来越流行，或许你属于仍能看懂地图并手动标记自己所在位置的那类人。在任何情况下，我们已经习惯使用工具辅助我们在世界中探索道路。任何与虚拟应用程序所关联的 GUI 都能够容纳很多世界导航工具。这些工具通常表现为 HUD 的一部分对用户持续可见（图 3.3）。

在这种 HUD 中常见的导航设备是指南针。在许多虚拟世界中，从基础结构层面上来说，基本方位 * 是无所谓的（cardinal directions are irrelevant）。然而，

* 基本方位：是各方向的位置，即东南西北，也称为四方位。与之对应的是相对方位，即前后左右上下。——译者注

根据虚拟世界中实现的许多游戏和模拟活动的描述，行驶方向成为一个重要因素。考虑苏珊娜在“寻找树木”应用程序中的冒险。凭借她的经验，她知道某种类型的植物可能生长在山的北坡，而她的任务是找到三种不同的物种。而其中的两个物种更可能在北坡生长。当苏珊娜在“寻找树木”世界中探索时，她需要知道面朝的方向。如果是阴天，可能就没有太阳作为参照物。当她在吉普车的快速驱动下到达山脉，指南针工具作为“寻找树木”中 GUI 的一部分，使她能够很容易地确定山脉的北坡。

说起苏珊娜驾驶吉普车，突出了 GUI 的另一个方面：根据当前交互模式，她可以改变仪器仪表的内容与样式。当苏珊驾驶吉普车从一个地方到另一个地方时，“寻找树木”GUI 将会改变以适应仪器仪表控制吉普车移动的需要。任何针对该模式的控制和反馈机制，例如车速表和燃油计，在需要时会出现在显示屏上。因此，GUI 会根据用户的交互模式发生改变。当苏珊娜驾驶吉普车时，指南针可能与吉普车上的“仪表盘”分离（比如说在屏幕的右上角），也可能被集成到仪表盘上。当然这取决于“寻找树木”应用程序的设计者。

机动车辆在崎岖地形中行驶总会有速度限制，如果苏珊娜需要以更快的速度去更多的地方，怎么办？或者，如果根据指南针的指示，驾驶吉普车到了一个大型湖泊边，而她需要到达远处彼岸的山脉，但是并没有到船，怎么办？也许在“寻找树木”世界中有一张世界地图，因此她可以求助 GUI（信息推拉请求）。这张地图是交互的。苏珊娜可以通过点击呈现在地图上的一些图标，直接瞬移到所代表的位置。这个功能能够很好地为她服务，由于吉普车不能在水下运行，而且她可在地图中看到这个湖相当大，因此，需要相当多的时间才能绕过去。

54

实际上，瞬移是沉浸式体检虚拟世界应用程序中的关键因素，这个功能可以为这些应用程序提供独特的给养，从较短的时间内穿越空间的角度来看，以这种方式学习真实世界问题高效得多。因为目前在真实世界中实现瞬移是不可能的，为这个功能创建适当的界面形式既富挑战性又具解放性。因为真实世界中没有仪器或程序进行对比，在 GUI、世界两者中，设计者可以为这个瞬移功能或仪器仪表设备选择任何形式。我们已经提到 GUI 瞬移功能：“寻找树木”世界中的交互地图。瞬移“热点”可通过世界本身使用可识别的图标实现，就像一个电话亭，或徘徊在地面几英尺处闪闪发光的钻石。

毫无疑问,这些热点是世界中的对象。然而,它们存在的唯一目的是为世界提供传输界面。那么,作为应用程序交互界面部分单独存在的一个元素,这些热点能称为 GUI 的一部分吗?当苏珊娜驾驶吉普车旅行时会发生同样的讨论。从技术上来说,吉普车是虚拟世界中的对象,但是从严格意义上讲,当苏珊娜驾驶吉普车时,吉普车上的仪表盘成为 GUI 的一部分。事实上,在驾驶时苏珊娜很可能并没有在吉普车内,可能只是一部摄像机移动穿过世界,放置在顶部的仪表板 GUI,给苏珊娜造成第一人称视角的幻觉,认为她的化身真的在驾驶吉普车。

我们再次混淆了这些事情。GUI 在哪儿结束,虚拟世界又在哪儿开始?边界总是不清楚。但是我们明白它们需要一起工作为用户(学习者)提供良好的体验。在讨论苏珊娜控制吉普车时,我们就暗示了这种合作,以及不同旅行模式下 GUI 的转换。这种合作与转换的关键因素即反馈。

反馈

反馈包括虚拟世界推送给学习者的全部信息。这个推送是直接由用户/学习者发出信息请求操作导致的。或者是系统根据虚拟世界或用户当前状态的变量数据做出的决定。无论如何,反映在 GUI 和世界中的反馈系统中行为与反应的关系,产生四种可能的组合。

55

1. 世界中的行为,世界中的反应;
2. 世界中的行为,GUI 中的反应;
3. GUI 中的行为,世界中的反应;
4. GUI 中的行为,GUI 中的反应。

这四类中的每一种都充分显示了用户和反馈间的行为与反应的相互作用。将苏珊娜在"寻找树木"应用程序世界中导航的四种交互序列,作为每种类型无限可能性的简单示例。首先,当苏珊娜操纵化身在虚拟世界中寻找特定树种时,她穿过一片高高的草丛。突然,一阵风吹草动,在她的周围出现了很多翅膀,她惊动了一群隐藏在草丛中的鹌鹑。世界内发生这种反馈(鹌鹑在苏珊娜化身头上飞过),是因为世界内的行为(苏珊娜的化身移动到接近一群鹌鹑实体的位置时)。其次,当苏珊娜从惊动鹌鹑的惊奇中反应过来,她恢复了平静,继续寻找她的方向。她知道需要前往北方去寻找山脉。她看了看GUI中的指南针，发现在这最近的混乱中，她正面朝东方。她将化身左转90度，朝向北方继续她的旅途。当她转身(世界里的行为)时，指南针的同步转动(GUI中的反应)反映了她现在面朝的方向。

再次，苏珊娜意识到从虚拟世界中当前位置到可能有树木的山上需要花费很多时间，因此，她决定使用瞬移。她在地图中定位山脉，发现靠近山脉的最近瞬间传送标志，点击这个图标。当她点击地图中的图标(GUI行为)时，她的化身立即通过这个图标重新调整她的坐标位置(世界中的反应)。事实证明，苏珊娜瞬移着陆的位置仍旧离山脉比较远，但是离北面一端比另一面较近。她了解到她寻找的物种在海拔较高与较接近水源的地方更容易找到。如果山的较远端更容易满足物种生长的条件，就需要花费较多的时间去较远的位置(相对较近的山北面一端)。苏珊娜需要更多的信息去做出决定。她查看GUI的世界地图，点击按钮(GUI行为)使地图的附加元素可见——地形、海拔和水系统(GUI反应)。

56

事件的整个序列——从苏珊娜意外的鹌鹑经历开始到与地图中补充元素的交互结束，这些很容易在30秒内实时发生。事实上，任何人在任何沉浸式体验虚拟应用程序中30秒的经历片段，极有可能至少包括四种相对简单的操作—反应序列，甚至更多。然而所有这些操作—反应发生速度如此之快，意味着将会有大量的数据在世界与GUI中来回传递。当用户在世界中体验时，系统如何跟踪所有的信息，并且妥善处理经常发生的庞大信息推拉活动？在一个或多个数据库中有一个相当复杂的通信网络及数据集支持信息流的推拉操作。这些网络如何对数据进行传输与存储的细节是相当有趣的，但是也相当复杂，超出了本书的范围。但是知道有这样的活动发生非常重要，尤其关于虚拟世界中评估这个主题，在接下来的章节我们将进行介绍。

结论

在本章我们已经描述了GUI是什么(不是什么)以及GUI如何工作。涉及世界和GUI间发生的交互、导航和反馈过程。希望你已经掌握了其中的大部分信息，并对其略知一二。然而，为了帮助你进一步吸收与综合，接下来我们提供了大量的额外示例，以及一些自定步调的活动与练习，通过实践你可以继续探索这些主题。

测试你的理解

请用自己的话描述 GUI 的形式与功能。

57

学习活动

1. 试想你做的一项规律性活动，比如到食品杂货店购物或者为了锻炼身体去游泳。如何让整合 HUD 风格的 GUI 促进活动的完成？它是什么样的？又如何工作？

2. 在想象的 GUI 中，根据你所选活动的交互、导航与反馈，描述 GUI 如何与世界进行交互。

其他资源

尽管 GUI 是 3D 虚拟世界中不可分割的一部分，但是 GUI 中即使不是全部，至少大部分内容是 2D 多媒体：文本、图形、音频、视频。关于学习多媒体的设计与开发有许多优质资源，但我们认为如下两本书属最好的参考资料。

Clark, R. C. & Lyons, C. C. (2004). Graphics for learning: Proven guidelines for planning, designing, and evaluating visuals in training materials. *San Francisco: Pfeiffer.*

Mayer, R. E. (2005). The Cambridge Handbook of Multimedia *Learning.* Cambridge, UK: Cambridge University Press.

第二部分　虚拟世界中学习和评价的理论基础

第四章　虚拟世界学习的理论基础

61

简介

我们已经回顾了虚拟世界的历史，并对其机制进行了详细的探究。在本章，我们将会考察为什么如此多的人认为虚拟世界可以为学习提供独特的强有力平台。确切地说，为什么越来越多的虚拟世界被设计并应用于帮助儿童和成人学习科学、数学、健康、商业、消防等内容？让我们一起找出原因。

最早尝试创建教育虚拟世界的时候，其大部分动机似乎与基本的“哇”因素相关：虚拟世界是新奇而令人激动的。人们开始的时候只是想弄清楚它们可以做什么；尝试不同的东西，把它们用于学习，显然是此类探索的一种自然路径。在这种方法中，早期的教育虚拟世界设计者们遵从了现代历史中被重复了很多次的熟悉模式。如果我们回顾一下过去的百年（或更早的时候，真的），我们会看到在每个时期，一旦有新技术被开发出来，立马会被作为神奇的新工具用于学习。无线电广播，电影，电视，多媒体软件，还有因特网——每种技术，作为改善教育的可能的灵丹妙药，都经历过一阵被追捧的阶段。但最后都以失败告终，无论哪种都没有对学习造成多大影响，也许因特网可以例外。正如 Todd Oppenheimer 在 *The Flickering Mind*（2003）一书中所提到的，相继出现的技术平台的早期支持者们对他们所选工具对于学习的潜在价值的乐观论调普遍是错误的。例如，Oppenheimer 叙述道，托马斯·爱迪生（Thomas Edison）声称电影被引入学校的话，几年内不仅会取代书本，而且学校也会消失。

过往技术的一系列失败给虚拟世界设计者们提出了警告。仅仅凭着对某一工具的热情是不够的。相信某一工具对学习具有天生的良好效力并不会产生那 62

种效力。那种“建了就能起作用”的态度很可能会导致失败。相反，虚拟世界拥护者和设计者们必须对“为什么”和“如何”将虚拟世界应用于学习有非常好的理解。要做到如此，首要的是充分理解设计虚拟世界中嵌入的教育体验所依据的理论基础。目前已经有许多关于人是如何学习的研究。探究相关知识并应用于虚拟世界的构建，我们就可充分使用这些虚拟世界作为工具，在改进学习方面获得成功。

本章，我们将快速浏览几种学习理论，这几种学习理论都与虚拟世界能够为学习提供的给养和特征良好匹配。我们还会看一些研究案例，它们应用了如下理论的案例或多或少地在设计教育目的的虚拟世界上获得了成功。

虚拟世界中学习的理论基础

我们将使用一个名叫“江城”的虚拟世界作为支点，来引出对于学习理论的讨论以及这些理论在教育虚拟世界中是如何实现的。我们在第一章已经介绍过，虚拟世界“江城”是由哈佛大学 Chris Dede 教授和他的学生们开发的。“江城”是最早的通过系统方法建造和研究的“现代”虚拟世界之一，但不是唯一的。正像我们前面所描述的，还有一些虚拟世界，包括“探索亚特兰蒂斯”、“拯救科学”以及 Whyville 等。每一个都利用虚拟世界的形式帮助孩子们在情境中通过科学的调查研究活动学习科学内容和探究技巧。因为“江城”由来已久，并且本书的两位作者都曾在“江城”虚拟世界工作过，我们将以它为例展示多种学习理论是如何应用到教育虚拟世界的设计中的。

20 世纪 90 年代末，Dede 意识到当时出现的商业虚拟世界或许能够为孩子们带来“真实科学家”的体验。虚拟世界可以为学生们提供实施调查研究的机会，他们可以使用与现实世界中科学家们探究问题相同的步骤：数据收集、形成问题、收集更多的数据探究问题、形成假设，接着验证这些假设（Dede，Ketelhut 和 Ruess，2002）。在教室内学习这些步骤往往通过阅读（更令人厌倦的方式）或探究项目（更有趣的方式）。“江城”团队想知道，通过将对科学探究的学习置于相对真实的环境中，让学生在其中解开谜团的方式，虚拟世界是否能做得更好。正像前面提到过的，效果非常明显。“江城”的实际应用一致显示出，基于虚拟世界的科学探究课程可以吸引学生，能给学生提供实施逼真探究的机会，并在科学学习评价中取得更好的成绩，特别是对那些在科学课堂上一直表现不太好的学生更是如此（Nelson 和 Ketelhut，2008）。

“江城”的设计吸收了几种学习理论的要素，包括情境学习、建构主义、社会建构主义、行为主义和认知加工。下面我们依次来看一下这几种理论，考察一下如何将它们应用于虚拟世界的设计。

情境学习

简单来说，情境学习指的是发生在一定境脉中的学习，看上去和做起来都像是那个所学东西会实际发生的真实世界情境（Brown，Collins 和 Duguid，1989）。我们先把虚拟世界放在一边，设想这样的一堂课，在一家快餐店（我们称之为 MacNasties）学习烹制汉堡。如果你是一个新员工，学习制作汉堡的最好方式就是在 MacNasties 店里观察别人做一堆汉堡，然后在一家真实的 MacNasties 店，在别人的观看、指导和反馈下，用真实的烤炉自己做一些。这就是情境学习。

情境学习理论家们认为任何学习都发生在特定情境中，这个情境就是人们学习的情境，但情境总是促进或阻碍人们的学习。如果学习内容和学习情境能够良好匹配，这样的匹配会帮助促进学习。如果匹配不好，就更难将那些在一个场景并且/或是通过与目标场景不匹配的活动学习到的东西，迁移到也许能够实际应用所学内容的情境下。在一个典型学校的学习是处于这样一种情境：教室。对某些东西来说，这种情境有很大的意义。例如，如果一堂课的目标是演示当有人在房间前面讲话的时候如何落座，那么教室就是一个非常好的环境。我们所有人可能都是这方面的专家。不论你已经离开教室多久，如果明天你要迈入教室，你立刻就知道该做什么。

对于其他学习目标，传统的教室情境、环境和活动就没有这么大的意义了。试想你是如何学习开车的。取决于你的年龄，也许是在高中课堂上或者通过一所商业驾校。或许你已经读过一本书，了解了关于操控汽车的原理以及道路规则。或许你也看了介绍同样内容的视频。这些书和视频可能会有些帮助。但真正的学习却发生在如下一种或两种环境下：驾驶模拟器和真实汽车里。仅当你的驾驶课“情境化于”（situated）驾驶所需的知识和技能实际运用的情境中时，你才能学会如何去驾驶。

64 那么对虚拟世界来说，这意味着什么？或许，虚拟世界作为学习平台，让众多教育研究者和设计者激动的首要原因就是虚拟世界能够极好地支持情境学习。

为了证明为何如此，请想一下当你玩基于虚拟世界的电脑游戏时会发生什么。我们以游戏《湮没：上古卷轴IV》（*Oblivion: Elder Scrolls IV*）为例 。如果你没听说过《湮没》，请到游戏网站（见 www.elderscrolls.com/oblivion）上看一下。《湮没》是一款单玩家 RPG 游戏。它发生在一个相当大的虚拟世界中。与大多数基于虚拟世界的商业游戏类似，在《湮没》中，你的角色以漫长的叙事驱动的探索为起点。你的目标是完成一项大型的总体探索任务，同时还要完成一些子任务。在此过程中，你也可以花大量的时间四处游荡，探索虚拟世界。你可以与人们交谈、捡拾物品、打斗、偷窃、施魔法、读文档、过一种通常意义上非常逼真的虚拟世界生活。

在《湮没》中，你所做所见的一切似乎都很逼真。图片有点卡通，以今天的标准看相对有点过时（现在的前沿标准不出一年也会过时）。但你仍会感觉仿佛置身真实世界，在做一些真实的事情，与真实的人在说话。当你在虚拟世界中学习如何做一些事情（比方说射箭），感觉就好像你真的在学习做那件事：在那个世界的情境中，这样做是有意义的。

换句话说，你做的事情和学到的东西情境化于虚拟世界的境脉中。如果你需要与 NPC（非玩家角色）交谈，你不太可能为了搞清楚如何与他们进行交流，而停止游戏去读使用手册。相反，你可能会在虚拟世界内部，走向他们并开始"交谈"。让我们再看看射箭的例子，也许会给你提供一个上一堂课的选项，学习第一次拿起弓和箭应该如何发射。如果是这样，这堂课将会由虚拟世界中基于计算机的角色来开设，在世界内教师的注视下，在世界本身内对着某物练习射箭。不大可能给你一本数字图书，告诉你去阅读射箭的原理。

情境学习的理念如何应用到教育虚拟世界的设计中呢？"江城"提供了好例子。最初设计"江城"时就是为了创设无论是看上去还是运行起来都像现实世界简略版的环境，从而为学生们提供科学调查的机会。在进入虚拟城市后，学生能够调查居民患病的原因，调查方法包括与基于计算机的城市居民交流，探索可能的受污染场所，如泥泞的街道或者昆虫遍布的沼泽，阅读当地医院的接诊记录。虚拟世界本身也会提供一些逼真的“大气”元素并给出一些信息，比如人们的咳嗽声、蚊子的嗡嗡声，以及随着时间的推移不断变化的天气模式（Ketelhut，Dede，Clarke 和 Nelson，2007）。 *65*

像许多教育虚拟世界一样，“江城”看起来并不是特别逼真（忘记了什么样子请查看第一章相关页面）。实际上，以现代游戏标准来看，图像非常粗糙。但在“江城”中玩家要开展的任务以真实世界的科学探究任务为基础，虚拟世界已经足够逼真，以至于参与“江城”课程的学生汇报说“感觉像一个真正的科学家”——他们认为与坐在课堂上听类似主题的课的感觉截然不同（Clarke，Dede，Ketelhut 和 Nelson，2006）。

建构主义

建构主义理论是另外一种教育虚拟世界设计者们喜欢的理论。一些研究人员认为，与其说建构主义是一门理论，不如说是一种学习方式和观点（Alessi 和 Trollip，2001）。对此在这里我们不做争论，因为就我们的目标而言这不重要。然而，基本上教育中建构主义的焦点思想是，学习并不是让学生记住一堆教学材料。相反，建构主义认为，学习是一种建造（building）行为，或者说是建构（constructing），是彻底地理解一些内容和程序（Jonassen，Peck 和 Wilson，1999）。建构主义的支持者认为，这是与所谓的客观哲学的理念差别（行为主义和认知主义都被归为客观主义）。在建构主义设计者看来，客观主义理论基于的想法是知识和真理独立存在于学生之外。对应于这个看法，无论通过被动的传递还是主动的“摄取”，学习的目标就是吸收这些外部知识（Jonassen，1991，1994；Perkins，1991）。

另一方面，建构主义却认为知识和真理并不具备普遍的、外部的存在。更确切地说，每个人自己建构知识、真理的个人版本（Bednar，Cunningham，Duffy 和 Perry，1992）。（Jonassen 等，1999：3）讲道：

> 个体对世界和所接触到的任何事物都有自己的理解，而且这种理解与他们建构的各自经验的表征和模型有很大关系。……教学不仅仅是传授知

> 识的过程，因为学习者无法弄懂老师懂得的，而老师懂得的内容也无法传递给学习者。

66

这种知识建构是在先前个人经验及外在“对象”交互的基础上，通过形成假设和验证假设来实现的。由于每个人的先前经验和解释性观点（interpretative viewpoints）存在些许差异，每个人都会有自己独特的知识建构。建构主义研究者很快指出这并不意味着个人真理的所有版本是等同的。确切地讲，给定主题的个人知识的优点就是它的活力（viability）。此处活力一词可以被定义为某人想法“有用”的程度，及这些想法与一些大团体信念的啮合程度（Jonassen, 1991）。于是，学习者的学习目标应当是建构逐渐精致的、可行的理解世界的个人模型。

与任何学习理论一样，关于建构主义实际上意味着什么有许多差异很大的想法。Dalgarno（2001）描述了建构主义的三种解释：内因的、外因的和辩证的。他定义内因建构主义为强调自我导向的学习者探究，没有任何直接的教学和明显的外在指导。比较而言，外因建构主义承认直接教学的价值，但仍强调学生控制学习和知识建构的时机。最后，辩证建构主义聚焦于学习者建构知识时学习者之间的社会交互角色。此外，此分支的建构主义强调对某种协作支架的需要。

最终，基于建构主义者理论设计学生的学习，可能与基于其他理论框架定义的课程达成相同的学习目标，但是达成目标的路径是基于建构主义者的视角，不同于基于其他理论观点的路径。例如，真正的建构主义者的课程设计方法应该不包含成群的学生坐在教室里听课。相反，建构主义设计者可以设立学习项目，通过这些项目让学生亲自去“发现”那些期望他们去学习的东西。建构主义者的设计是以学习者为中心的，是主动的。在实践层面上，建构主义思想找到的课程设计的方法，就是基于项目的学习、发现学习和其他学生主导的各种学习方法。

这就很容易理解建构主义者的设计方法对于有兴趣为学习创建虚拟世界的人的吸引力。虚拟世界从定义上看就是主动的，以用户为中心的环境。基于虚拟世界的商业游戏通常包括玩家探索城市、森林、宇宙飞船，或其他地点，因为要做的就是去理解虚拟世界，它的规则、机制以及他们在虚拟世界中的地盘。在为建构主义课程设计的虚拟世界中，玩家并非为故事情节所引导，而是可以从其他玩家或游戏中内置的基于计算机的角色那里获得一点初始指导,然后就可以放开自己去尝试探究。这种方法也严格遵从了“有指导建构主义”的理论思想。

“江城”虚拟世界,不仅是作为情境化学习的科学课程而设计的,而且整合了有指导建构主义的要素。学生进入“江城”后,小镇的镇长(基于计算机的角色)会告知他们要去探索城镇,与队友一起收集关于疾病的数据。实施调查时,学生可以在虚拟世界中四处活动,查看世界中的任何对象,与其他人交流,对正在发生的什么建构自己的理解。当他们认为已经收集到关于城镇中疾病的足够数据时,他们可以自行决定形成假设。一旦他们作出决定,只要他们愿意,就可以一次次不断地验证假设(直到课堂学习时间结束),最后给小镇的镇长精心构思一封信解释并捍卫自己的想法(Nelson, Ketelhut, Clarke, Bowman 和 Dede, 2005)。

67

社会建构主义

与建构主义和情境学习密切相关,同样被虚拟世界设计者所喜爱的另一种理论是社会建构主义。社会建构主义接纳了建构主义所有以用户为中心的知识建构思想,并增加了协作的成分。其基本思想是没有人仅凭他(她)自己就可以学到东西。相反,每个人通过尝试学习,从周围世界和其他人那里获得反馈,在反馈的基础上修改方法并重新尝试。从一个社会建构主义者的视角,学习就是一种社会活动,发生在一个由许多人组成的共同体中,这些人可以都是给定内容的学习者,或者是已经知道了这些内容的人,可以给新手充当导师、教练或向导(Lave 和 Wenger, 1991)。

在社会建构主义课程中,学习通常包括尝试新的角色。举例来说,如果你想学习怎样成为一个教师,你可以扮演教师的角色并去尝试如何做教师。你不能自己独立完成这个过程(至少不能太久)。相反,你会和那些也想成为教师的人一起,在教学专家以及那些能够对你所做的事情给予反馈的人的监控下,不断地试验教学技能并建构与教学相关的知识。

再来看一下“江城”虚拟世界的例子,它被设计为一个情境学习环境,同时也是一个有指导社会建构主义的环境。“江城”中的学生通过团队合作的方式完成科学调查。团队中的每个成员都必须扮演“学徒科学家”的角色。他们必须以这样的角色和同伴们一起,尝试真正的科学家在科学实践中会用到的探究技巧。要实现这个目的,玩家需要从虚拟世界中的人物身上收集信息——这些人物既可以是基于计算机的专家也可以是真实的人,充当专家导师和教练。学生们也可获得同伴反馈信息,这些信息来自调查团队中的其他成员,以及班里已经完成了同一基于虚拟世界课程的同学。

68

行为主义

教育研究和设计者们,一提到行为主义,总是嗤之以鼻,认为基于行为主义的课程会导致“被动的学习”和“死记硬背”。这两个指控并不正确:基于行为主义理论的课程并不比基于其他理论的课程更有导致如此可怕后果的可能。学习理论的受欢迎程度总是此消彼长。学术界的本质就是对先前备受称赞的教和学的方法的批判。的确,成为一个研究者的最好方法之一,就是诋毁原有的神圣观点,用一些新的,或貌似新的观点替代它们。行为主义,作为课程创设以及课程教学的学习环境建设的基础,就是如此。

我们认为行为主义可以为用于学习的虚拟世界的活动设计提供有力的理论指导。的确,如果设计者在虚拟世界中想创设成功的学习体验,就需要良好地将行为主义的一些方面包含在他们的设计中。为了解释为什么,让我们从作为用于虚拟世界设计的行为主义的定义开始。为达到我们的目标,我们最可能感兴趣的就是“操作性条件反射”这方面。这一观点最著名的提出者应该是 B. F. Skinner,在用于学习时,它围绕着使用设计过的活动修正人的行为。操作型条件反射使用强化和/或惩罚,实现人的自愿行为“条件反射”为特定方式的行为。人的行为对应着某种刺激,对于他们的行为总是有相应的惩罚或奖励(强化)。这些惩罚和奖励,不断地被给予,期望改变人的行为:换句话说,他们学习特定的行为(Skinner, 1958)。这是对行为主义这种观点非常粗糙和简化的描述,但对我们讨论行为主义作为虚拟世界活动设计的方法是有帮助的。

在教育虚拟世界中,操作性条件反射如何发挥作用呢?行为主义,至少操作性条件反射,对学习者达成特定的、仔细定义的、限定的目标是非常有用的。但通常教育虚拟世界都是为定义不清的、大规模的教育目标而设计,比如“学习像一个科学家一样行动”或者“理解复杂系统并建模”。行为主义者的思想看上去不能用于支持这样的目标。但实际上可以，并且经常会被这么用。使用行为主义者思想设计基于虚拟世界的课程，很重要的是解构大的和/或定义不清的目标，使之分解为越来越小的单元。最终，你为每个用户设计出大量非常小的互动任务，通常是成序列的，同时在每次互动后你还可以提供反馈（强化），直到用户把每个任务都正确完成。

现在从设计者的视角思考最后一点：就是一直以来在创建商业虚拟世界时都做了什么。设计者一开始确定了非常大的游戏目标，比如说，"玩家将成为虚拟世界的统治者，起初的时候是当前统治者的一个可怜犯人"。接下来，设计者开始定义实现这个庞大目标的主要路径，典型的方式是从这个大目标回溯到玩家进入虚拟世界的初始条件。举例来说，设计者可以使用一个十步的程序来使玩家实现从囚犯到统治者的蜕变。接下来设计者将十步中的每一步分别解构为一系列的分步，或许还需要再进一步细分为一系列更小的子分步。最终，这个基于虚拟世界的游戏设计会包含非常详尽的组织结构，其特征是通过大量特定活动实现很多小目标，并且所有这些都在游戏最初主目标的覆盖之下。

商业虚拟世界设计者，换句话说，是行为主义者。你作为教育虚拟世界设计者，可使用行为主义某些方面作为创建基于虚拟世界课程及活动的工具，这些清晰定义的、仔细构建的课程和活动，可以为你自己的大规模学习目标提供操作性服务。

让我们再一次也是最后一次，回到我们的例子"江城"，其中偏行为主义的活动设计也是它的特征之一。例如，在"江城"虚拟世界中，在靠近水体（河流、水井和泥塘）的地方有水质监测站。这些监测站允许学生们从不同的地点取得水质样本并检测有害细菌的级别。要计算出这个级别，对每个学生来说最好能够从不止一个地点取得多份样本（一种建构主义者和情境的方法）。但从取样、细菌计算到结果记录的实际过程是一个程序性的任务，本质上是行为的。学生们不断重复操作这一系列预设的序列步骤进行水质取样。如果他们每一步都操作正确，那么他们就通过前进到这个过程的下一步而成功展示了预期行为，他们被"强化"了。如果他们正确地完成了所有步骤，他们会得到与探究活动相关的一系列数据信息，由此他们的行为得到了正强化。

认知加工

最后，当把认知加工理论整合到虚拟世界中时，理论中的一些要素可用于支持学习。Mayer(2005)的多媒体学习认知理论(CTML)，以调查借助媒体学习的认知要素(cognitive aspects)作为起点，特别是传统的二维交互媒体，使用认知负荷(cognitive load)的概念作为基础。CTML 的提出基于三个假设：(1)人类的信息加工发生在一个双通道框架中(视觉的和言语的)——基于 Paivio(1986)的双码理论；(2)任何时间人类的认知架构两个通道中任何一个能够加工的信息量都是有限的；(3)人类积极地加工收到的信息。本质上，认知负荷(Chandler 和 Sweller, 1991; Sweller, 1994)是脑力劳动，可分为三种类型：内部的、外部的、增生的。

70

简要地说，考虑到被加工学习材料的实际内容难度，学习者的内在负荷是有好处的。虚拟世界设计者可否直接操控内在负荷依赖于课程内容的性质，除非虚拟世界自身某些层面会直接影响到课程内容。受制于信息呈现的性质，学习者的外在负荷是不好的，不好的信息呈现增加学习者的外在负荷，这可能有多种原因，比如分散注意力。最后，考虑到学习者在积极学习提供给他(她)的课程内容过程中自发产生的信息加工行为，学习者的增生负荷是好的。通常，减少外在认知负荷，能够在学习者的认知能力内“腾出”些空间，更多地满足增生负荷的需要(假设鼓励学习者这样做)。

另外，Mayer(2005)提出了 CTML 中信息加工的五个不同过程：

1. 在言语工作记忆中选择相关的词汇进行加工；
2. 在视觉工作记忆中选择相关的图像进行加工；
3. 将选定的词进行组织形成言语心智模型；
4. 将选定的图像进行组织形成视觉心智模型；
5. 整合言语和视觉心智模型，并与先前知识进行连接。

基本上，所有这些可归结为三个过程——选择、组织和整合信息——Mayer 以此为基础(连同那三个假设)构建了多媒体学习的一系列原则。

这些原则对于传统的 2D 多媒体学习环境的开发提供了一套很棒的指导方针，这些环境你可能并不陌生——那些程序，本质上，是数字化“引人入胜的书”(page-turners)。然而，这些原则和三维虚拟世界之间存在很多差距。我们以前写过使用 CTML 作为起点开发教育虚拟世界建议的做法（Nelson 和 Erlandson，2008）。正如文章中我们提到的，CTML 的某些原则比其他的更适合虚拟世界，CTML 主要面向“单调”环境中低级别交互的内容传递，关于接下来要看的内容很少有学习者选择的余地，最少量的刺激/反应活动，练习和评价项目中互动很生硬，如文本输入和项目选择。

很明显，高端 3D 虚拟世界中全部的细节都是新的。在基于认知加工的设计方面，虚拟世界与众不同之处在于两个主要差异：增加三维互动，实时支持三维中增强的物理真实感。尽管这些差异有其不足之处，CTML 在虚拟世界中仍有其位置。向学习者呈现信息的任何用户界面元素通常都是用 2D 多媒体。

71

结论

我们在较短的篇幅内讨论了很多理论基础的方面。“真正的”学习理论家可能会抱怨我们对相关理论的描述过于简化。但我们不在乎。我们是实干者，从学习理论框架的光谱中整合某种“最佳”思想，想要为学习设计虚拟世界。我们不是纯粹主义者，我们希望你也不是。做一个混搭的实用主义者！根据学习目标和设计目标的需要，你可以随意混合并搭配使用各种理论概念。一些基于理论的想法不适合你设定的学习目标、受众、环境或者预算。讨论那些适合的，扔掉其他的。把建构主义、情境学习、行为主义、认知加工和其他对于虚拟世界设计目标有用的理论放在一起。最终，作为设计者的工作就是要设计对目标学习者有益的虚拟世界。随你所想使用任何理论混搭，按照你认为对这些学习者最有效的方式进行设计。

测试你的理解

你如何定义以下每一项与虚拟世界设计相关的条目？对每个定义，提供一项示例活动，以展示理论是如何应用于虚拟世界的设计的，该虚拟世界的目标是教游戏者学习烤制巧克力饼干。

1. 情境学习。

2. 建构主义。

3. 社会建构主义。

4. 行为主义。

5. 认知加工。

72

学习活动

1. 任选一款商业或者教育虚拟世界，分析游戏背后存在的理论或学习理论。

2. 给虚拟世界中的课程选择一个学习目标：选定一种或几种理论作为课程设计和虚拟世界设计的基础。写一份简短的虚拟世界和课程设计方案，应用选定的理论支持你的设计。

参考文献

Alessi, S. M. & Trollip, S. R. (2001). *Multimedia for Learning: Methods and development* (3rd ed.). Boston, MA: Allyn and Bacon.

Bednar, A. E., Cunningham, D. J., Duffy, T. M., & Perry, D. J. (1992). Theory into practice: How do we think? In T. M. Duffy & D. H. Jonassen (Eds), *Constructivism and the Technology of Instruction: A conversation* (pp. 17 - 34). Hillsdale, NJ: Lawrence Erlbaum Associates, Inc.

Brown, J. S., Collins, A., & Duguid, P. (1989). Situated cognition and the culture of learning. *Educational Researcher*, *18(1)*, 32 - 41.

Chandler, P. & Sweller, J. (1991). Cognitive load theory and the format of instruction. *Cognition and Instruction*, *8(4)*, 293 - 332.

Clarke, J., Dede, C., Ketelhut, D., & Nelson, B. (2006). A design-based research strategy to promote scalability for educational innovations. *Educational Technology*, *46(3)*, 27 - 36.

Dalgarno, B. (2001). Interpretations of constructivism and consequences for

Computer Assisted Learning. *British Journal of Educational Technology*, *32*(*2*),183 - 194.

Dede, C., Ketelhut, D., & Ruess, K. (2002). Motivation, usability, and learning outcomes in a prototype museum-based multiuser virtual environment. In P. Bell, R. Stevens, & T. Satwicz (Eds), *Keeping Learning Complex*: *Proceedings of the Fifth ICLS* (pp. 530 - 531). Mahwah, NJ: Erlbaum.

Jonassen, D. H. (1991). Objectivism versus constructivism: Do we need a new philosophical paradigm? *Educational Technology Research & Development*, *39*(*3*),5 - 14.

Jonassen, D. H. (1994). Thinking technology: Toward a constructivist design model. *Educational Technology*, *34*(*4*),34 - 37.

Jonassen, D. H., Peck, K. L., & Wilson, B. G. (1999). *Learning with Technology*: *A constructivist perspective*. Upper Saddle River, NJ: Prentice Hall.

Ketelhut, D. J., Dede, C., Clarke, J., & Nelson, B. (2007). Studying situated learning in a multi-user virtual environment. In E. Baker, J. Dickieson, W. Wulfeck, & H. O'Neil (Eds), *Assessment of Problem Solving Using Simulations* (pp. 37 - 58). Hillsdale, NJ: Lawrence Erlbaum Associates.

Lave, J. & Wenger, E. (1991). *Situated Learning*: *Legitimate peripheral participation*. Cambridge, UK: Cambridge University Press.

Mayer, R. (2005). Cognitive theory of multimedia learning. In R. E. Mayer (Ed.), *The Cambridge Handbook of Multimedia Learning* (pp. 31 - 48). New York: Cambridge University Press.

Nelson, B. & Erlandson, B. (2008). Managing cognitive load in educational multi-user virtual environments: reflection on design practice. *Educational Technology Research and Development*, *56*(*5* - *6*),619 - 641.

Nelson, B. & Ketelhut, D. J. (2008). Exploring embedded guidance and self-efficacy in educational multi-user virtual environments. *International Journal of Computer-Sup-ported Collaborative Learning*, *3*(*4*),413 - 427.

73

Nelson, B., Ketelhut, D. J., Clarke, J., Bowman, C., & Dede, C. (2005). Design-based research strategies for developing a scientific inquiry curriculum in a multi-user virtual environment. *Educational Technology*, *45*(*1*), 21 - 27.

Oppenheimer, T. (2003). *The Flickering Mind: Saving education from the false promises of technology*. New York: Random House.

Paivio, A. (1986). *Mental representations*. New York: Oxford University Press.

Perkins, D. N. (1991). Technology meets constructivism: do they make a marriage? *Educational Technology*, *31*(*5*), 18 - 23.

Skinner, B. F. (1958). Teaching machines. *Science*, *128*(*3330*), 969 - 977.

Sweller, J. (1994). Cognitive Load Theory, learning difficulty, and instructional design. *Learning and Instruction*, *4*, 295 - 312.

链接

大量理论快速概览，了解这些理论在基于技术的学习中是如何被认识的——见 http://education.ufl.edu/school/EdTech/theories.htm.

"江城"项目信息——见 http://muve.gse.harvard.edu/rivercityproject.

其他资源

学习理论(Capella University)——见 www.learning-theories.com.

《教育传播与技术研究手册》(第三版)给出了教学设计中普遍使用的各种理论的综述。见 www.aect.org.

第五章 定义虚拟世界的情境

74

简介

无论设计、开发新的虚拟世界，还是依据需要获取整合已有虚拟世界，在此之前，你应根据预期的虚拟世界使用情境作出一些明智决策。决策过程中需要关注几个重要方面：虚拟世界课程设计的科目领域；学习情境；目标学习者群体特征；世界边界；参与者角色。而且，你的决策顺序非常重要。例如，关于世界边界和参与者角色的决策取决于你对科目课程领域、情境和学习者群体的决策。因此，本章我们按照为学习设计虚拟世界的决策顺序链展开。

作出每个决策的方式会有明显差异，这取决于你的途径：设计新世界还是获取已有世界。在本章每一节中都有部分内容，从适切角度来描述这两种方法的细微差别。就适切性而言，在你决策的过程中需要始终铭记一个问题：无论设计还是获取，虚拟世界适合目标学习情境吗？任何人都不会用虚拟世界解决并不真实存在的问题。换句话说，如果某项技术不适合特定的学习目标，就不要使用该技术。幸好，第一组决策，关于科目领域方面，就很好地融入了这个概念。

75

科目领域

在决策的过程中，关于科目领域你需要问自己的首要问题是：所讨论的领域是否非常适合虚拟世界技术提供的给养？回答这个问题的最好方式是思考哪个科目领域是非常适合的（以及为什么），然后思考为什么其他领域不那么适合该技术的给养。

何以适合？

考虑虚拟世界技术是否适合给定科目领域的一个方法是，与相对静态的媒介进行看似简单的比较，比如教科书。虚拟世界中的课程比静态页面上的视觉信息能提供更好的学习体验吗？可对虚拟世界技术和更传统的2D多媒体作相同比较：将第三维度添加到该科目领域的学习体验中是有意义的方式吗？如下几个特征的科目领域能够更好地匹配虚拟世界技术的给养。

首先，面向活动或由更多切实的概念构成的科目领域非常适合虚拟世界，尤其是那些需要视听内容的领域，或者位置、运动、对象交互和/或通信活动必不可少的科目主题。一个典型领域是物理，物理学中的许多基本概念适合在虚拟世界中学习。这是因为，通过空间（三维）中随时间变化的动画，这些概念在三维空间中能够更好地被理解。SURGE项目是运用虚拟世界学习物理学基本概念的一个非常好的例子（图5.1）。在SURGE中，玩家通过在2D和3D迷宫世界中引导球形角色学习牛顿运动的相关概念。鉴于这些原因，空间和地球科学、生物、化学、建筑、土木工程、运动机能学、医学和人际沟通能力都是非常适合虚拟世界的科目领域例子。

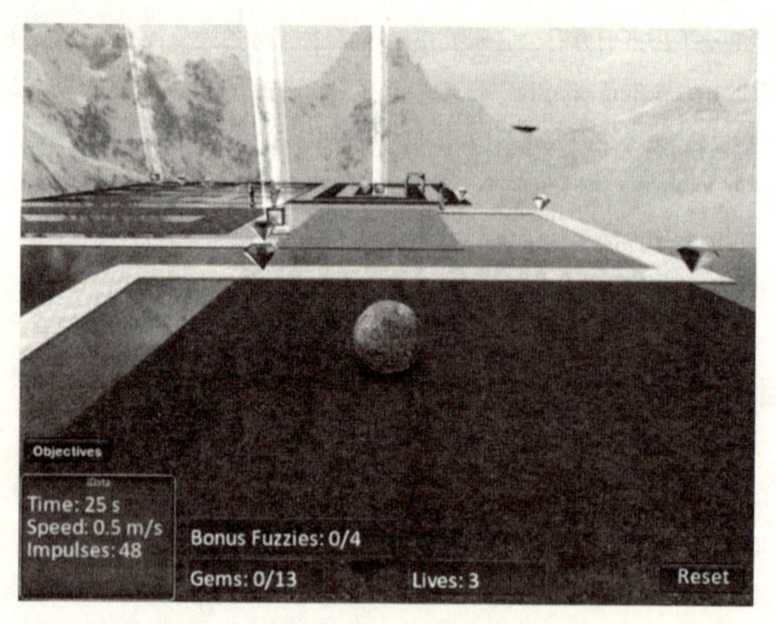

图5.1　SURGE物理学虚拟世界的屏幕截图

其次，利于远距离多用户同步交互的科目领域非常适合虚拟世界，尤其是在活动参与者之间需要大量动画视听信号传送的交互活动的科目领域。你能想到此类科目领域的例子吗？为同步手语学习实践设计的虚拟世界浮现在脑海中。

第三，需要为学习者，无论是独立的还是协作的，提供跨越时间和空间能力的科目领域，也非常适合虚拟世界。地质学与考古学是两个非常好的例子。设想一个虚拟世界，学习者可以在整个行星（或其他行星）中瞬移，探索和比较地质构造在漫长岁月中的变化。当然我们可以把科目领域这第三方面特征看作为学习情境。然而，如果某一情境是该科目领域固有的，或者，如果讨论的科目无法（根本不能）在其他情境中学习，那么这个情境就成为了该领域的一部分。

76

除了科目领域的这三个特征，当你对项目的目标情境作出决策时，你也可考虑虚拟世界的其他方面。首先，虚拟世界作为一个出色的平台，能够提供在真实世界中不可行或不可能有的模拟体验，例如，太空穿行或持续的水下探索，这些活动可能目前要求高昂的设备或大量培训，因此对大多数人群而言是不可行的。这两个模拟体验的例子在现实中还不太可能，然而，在虚拟世界中实现瞬移和时间穿越相对简单。虚拟世界使人类与活生生的恐龙，甚至于人类所知从未真正存在过的虚构生物交往成为可能。

77

第二点，或许是最重要的，虚拟世界提供的安全环境允许重复犯错且不存在对学习者造成身体伤害的风险，也不会有昂贵设备、易损财产损坏的风险。设想土木工程师在建造桥梁和浇筑混凝土之前，可以对虚拟负载力进行无数次迭代测试。或者，在生态系统学习环境中，崭露头角的环境学家能够在不制造实际污染的情况下，对当地的各种生态系统引入任何毒素进行测试。

最后，你能想到我们可能遗漏的其他某个方面的科目领域吗？你能想到哪些虚拟世界的具体应用得益于这些独特给养吗？弄清楚哪些因素使虚拟世界适合某一科目领域的另一种方法就是，思考哪些因素导致这项技术不适合某科目领域。

何以不适合？

判断什么使虚拟世界不适合某科目领域，取决于相对二元的结果：虚拟世界对学习目标而言是“小题大做”还是不足。在这两种情况下，虚拟世界提供的独特给养都不适合所讨论的科目领域。如果技术“小题大做”，虚拟世界极易成为无价值的东西，对学习者科目领域的学习方式无任何意义。如果技术不足，那么虚拟世界根本无法支持科目领域学习的真实性需要。换句话说，学习需要真实情境，根本不可能在虚拟空间中学习这样的科目领域。

在这部分，我们所讨论的科目领域和虚拟现实技术的各个方面及其特点，也可以解释为学习情境的方面与特点。就虚拟世界作为学习平台的应用初期来说，这很容易理解。我们并没有完全掌握虚拟世界为人类学习提供的可能性范围，因为作为虚拟世界的研究者、设计者和开发者，我们还在探索虚拟边界。换句话说，我们仍然不清楚，虚拟世界的哪些方面与内容直接相关（科目领域和课程），以及哪些与情境直接相关，即使这些严格的界定是合理的。因此，即使我们划分了这些情境类型，在我们区分科目领域和学习活动典型情境时，仍然是模糊重叠的。即便如此，在下部分，我们将从一个更传统的视角来审视学习情境，看看它们如何融入为了实现虚拟世界所进行的决策过程。

78

学习情境

当为给定的学习情境设计或获取虚拟世界作决策时，我们需要考虑学习的三个基本方面：正式程度、环境和活动。在这种情况下，正式程度与学习结果的问责程度有关，正式情境比非正式情境的问责程度更高。我们使用“环境”术语，指的是为了学习去体验的那些机构，例如教育、娱乐、商业、工业或政府机构。最后，我们使用“活动”这个术语，是考虑到特定情境必需的（或作为结果发生的）学习活动类型：也就是接受、交互和创作。既然，我们已经提出了学习情境三个方面的基本内容，接下来将更详细地探讨各个方面。当我们详细探讨这三方面时，一个主要问题可作为探索的共同线索：“对于所讨论的该科目领域的学习情境的这个方面来说，使用3D虚拟世界是最好方法吗？”

正式程度

学习情境的正式程度，从本质上看是二元性的：正式与非正式，在某种范围中确实存在（如，某些正式情境比其他更正式，同样，非正式情境的非正式性）。然而，没有中间地带：正式情境不能是非正式的，反之亦然。然而，正式情境下发生非正式学习是极有可能的。或者，换另一种方式去思考，根据给定学生“此时”的动机和时机，“即兴”学习在正式环境中经常发生。即使这种学习是因为接触到为正式情境设计的学习资料才发生的，但在学术上讲却是非正式的。就此处所作的论证而言，对于任何情境来说，决定其正式程度的基本原则是对于学习结果内在的问责程度。换句话说：是否存在正式的学习目的，如果存在，这个目的是什么？使用决定正式程度的这一原则，正式情境是那些涉及高风险和高问责程度的情境，例如，学生为了通过六年级考试而学习科学（也包括其他科目），或者内科医生学习最新基于研究的患者治疗方案以获取行医资格再认证。该学习情境下的结果应该表现为让学习者能够意识到其学业表现的风险。学习者知道，如果他（她）没有学习必需的材料，就不能顺利达到规定的结果要求，从而他（她）将不会得到相应奖励。

非正式学习情境是那些涉及低风险和低问责程度的情境，例如，业余爱好者学习空气动力学以改进他（她）的航空模型构造，或者自然摄影师学习区域植物学，以便在最近的徒步旅行中识别漂亮的紫色花卉。学习结果的非正式性是基于这些结果的形成源自学习者自我提升意识的事实。这些爱好者和摄影师无论在空气动力学还是区域植物学领域，都不大可能成为专家。事实上，即使业余爱好者不学习空气动力学，摄影师不学习区域植物学，他们很可能继续像原来一样享受制造飞机模型或拍摄花卉的乐趣，对于学习结果无需承担外部责任。

79

然而，实际上，你选择的学习环境的正式程度，会如何影响为学习设计或获取虚拟世界的决策呢？当从务实的角度看待学习环境和虚拟世界时，应当考虑两个主要问题：应负责任和成本效益。当正式性要求很高时（例如，问责程度很高），特别是当大群体学习者参与的时候（例如，期末考试），虚拟世界或许不是个好的选择……对于通常发生在高风险情境中的评价，将虚拟世界作为评价测量工具，尚需研究人员对其可靠性和有效性提供实质性证据。其次，由于运行高度逼真的 3D 环境需要大量复杂的计算能力，虚拟世界对于学习来说，很多时候成本效益并不高，尤其在非正式学习情境中。除非学习者（像之前提到的业余爱好者）乐意且能够支付昂贵的虚拟体验。

在决策过程中有必要尽早问自己这样一个重要的问题：“3D 虚拟世界是满足项目所选正式程度级别要求的最佳方式吗？”

环境

通常，在作出实现虚拟世界的决定时要考虑环境的类型，这些类型大致可归类为教育、娱乐、工业和军事机构。这种分类大多与我们上一节讨论的正式程度，以及特定科目领域专业性程度有关系。当然，也存在潜在的交叉。设想为模拟训练船舶操控和导航而设计的虚拟世界。这样的虚拟世界能够很容易地应用在正式课堂环境、休闲场所(包括科技中心、博物馆等)、工业环境(船舶公司)以及多个军事分支机构中。在任何情况下，对任何学习环境，作出实现虚拟世界的决策时，应关注四个主要的问题：空间、时间、学习动机，当然，还有资金。

80

接下来，我们首先从资金问题开始：我们已经指出运行虚拟世界是昂贵的，而且不能确定是否具有成本效益，但如果这笔钱不存在，那么成本效益也就无关紧要了。无论是机构、学习者，还是两者联合，总有人要为虚拟世界的实现买单。无论哪种方式，如果这笔钱没有落实，项目就无从谈起，因此，在决策过程早期，要确保取得担保资金证明。是的，这个问题看上去如此明显，甚至无须提及，但是，最好确保安全以防遗憾。

假设该机构已经具备了必要的资金，是否有空间部署，是否有计划去获取部署虚拟世界的配套设施，例如，计算机硬件和相应的地面空间以容纳部署虚拟世界所必需的工作站。如果没有，学习者是否应当拥有或获取自己的设备或设施来安装虚拟世界？例如，希望学习者在家里或公共图书馆安装所讨论的虚拟世界吗？然而，在回答这些问题之前，必须解决一个更重要的问题：即使使用了适当性能的计算机，那些部署了虚拟世界的地方就没问题了吗？想想有些地方是不可能的：连续几天远离电源的室外，或者极不稳定的工业环境中，复杂的计算机工作站在其中将不断面临损坏的风险。像这种“技术不友好”的环境有很多，因此在设计与获取过程未花费太多时间前，你应该确保你的客户不会有不切实际的期望。

当你澄清了空间和设备问题，还应弄清时间问题。目标机构是否计划为学习者安装虚拟世界提供适量时间？有必要对即将使用虚拟世界的部分或全部学习者进行提前培训吗？如果有必要，那么是否有足够的时间允许提前培训呢？学习者是否希望业余时间继续在虚拟世界中学习？正如你所看到的，部署虚拟世界的时间和空间问题是高度内在相关的。除非在时间和空间两个方面，有足够的证据使你满意，否则你就不应该作出关于设计或获取的最后决策。

最后，我们不能忘记学习动机。根据你探究的前三个问题的结果，对目标学习者群体实际参与虚拟世界部署动机的理解，会极大影响推进设计或获取的方式。是否能够激发目标部署场所的学习者坐在电脑前（或者手拿数字平板站在旁边），并花费时间使用虚拟世界？更重要的是，在该事件中他们是否有选择的权利？换句话说，学习者的参与是被机构强制的吗？根据强制与选择的程度，在决策过程中学习者的真实动机作为另外一个因素。如果参与是强制的，那么与选择参与相比，积极的学习者占的比例更少，视角也不同。那么不积极的学习者不参与有什么后果？根据机构类型，这些后果可能大不相同，设想七年级学生不想参与要求的虚拟科学实验室与武装部队的新兵不想参与基于虚拟世界的实地拆弹模拟训练之间的不同。

活动

参与虚拟世界实践时，学习者可以开展三种基本类型的活动：接受、交互和创作，复杂性逐步提高。接受涉及学习者摄取和处理虚拟世界中呈现的信息。学习者与虚拟世界中所呈现信息的交互从相当被动（呈现时作出简单选择）到高度积极（持续地驱车探索开放的虚拟世界）。当学习者创建新制品（例如文件或结构）作为世界中活动的结果时，学习者在虚拟世界中就具备了创作能力。对于这三类活动的每一种，虚拟世界作为平台是好还是不好，取决于一个或多个因素。

根据环境中呈现的信息类型，可确定虚拟世界对单纯接受活动而言是好或是坏。如果呈现的信息除了在三维坐标体系中，任何其他方式都不能充分地体现，那么虚拟世界就非常适合这种仅通过接受模式进行的学习。这类信息的一个例子，是复杂统计数据的任意 3D 图，或者是相同数据的 3D 动态信息图表。但这可能会被质疑，这些仅仅是 3D 对象，但是如果它们被做成动画的形式，并且用户可以在这些对象周围的空间中穿梭，那么它们就是虚拟世界了。另一个很好的例子是复杂分子结构的动画演示（图 5.2）。

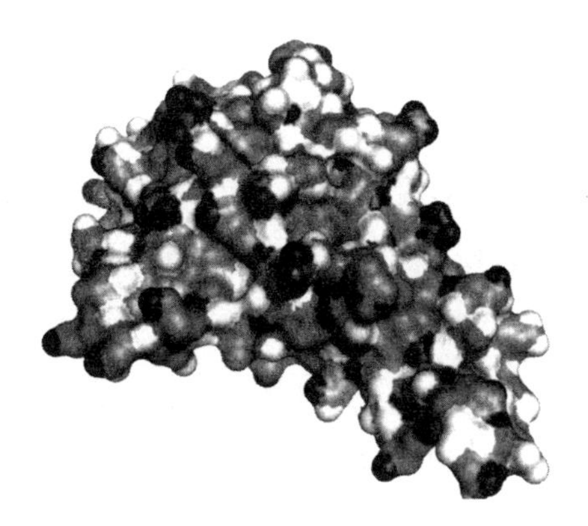

图 5.2　复杂分子结构

另一方面，如果3D信息没有必要或者“小题大做”，对于这种单纯的信息接受虚拟世界就不适合。例如，挂在墙上的印刷海报与相同信息的3D沉浸版本效果一样好(即使没有更好)，那么3D版本就没有必要。这个3D版本就是“小题大做”，是对时间、空间和资金等资源的过分浪费。换言之，它看上去华而不实，可能就是“小题大做”。可以看成使用3D的“小题大做”的一个典型例子是谷歌街景地图(图5.3)。

图5.3　分屏模式下谷歌街景截图

正如图5.3所示，通过俯视地图与街道摄影视图的结合足以达到这一点。如果作为信息的消费者，你需要的是在行动前就知道转弯后别人的房子看上去是怎么样的，那么街景视图就非常适合。对基于虚拟世界的驾驶模拟来说，没必要以逼真的样式显示相同的信息——呈现相同信息是资源的浪费。很显然，谷歌地图以及它的街景功能具备良好的交互性，刚好是我们下面要讲的内容。

除接受中存在交互之外，虚拟世界对交互活动而言是好或是坏，也取决于为学习者设计的交互类型。如果学习者必须通过交互，没有三维交互就不能学习材料，那么运用虚拟世界去实现和促进三维中的运动和交互就是必要和合理的。飞行模拟器是这种必要性的一个很好的例子，因此，像FlightGear(图5.4)这样的飞行模拟器，就是通过三维空间中的交互充分运用虚拟世界进行学习的很好的例子。

图 5.4　FlightGear 飞行模拟器截图

当然，使用多种媒体都可以学习飞行动力学的三大要诀(图 5.5)：倾斜，偏航和转动，但是在活动中体验这些动力学(甚至观看这些动力学交互模拟动画)，虚拟世界或许是最好的解决方案。再加上四个力——提升力、重力、阻力和推力，通过“比空气重”的机器来学习飞行动力学，借助虚拟世界绝对是学习该内容的完美处方。

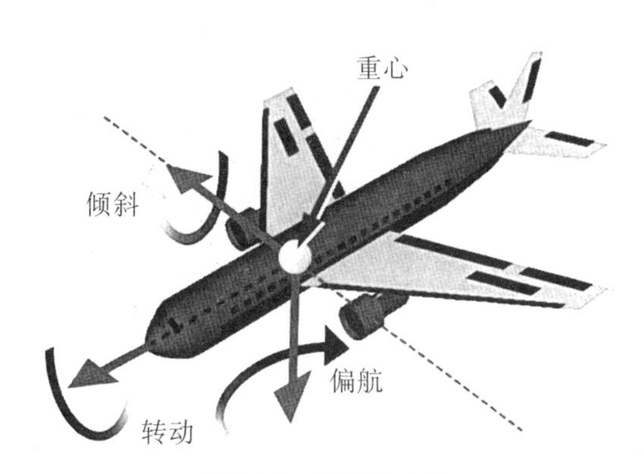

图 5.5　飞行动力学

正如我们讨论的信息接受，如果无法保证学习交互以三维方式呈现，那么虚拟世界就是“小题大做”，例如，更传统的 2D 的指向——点击或“点击”风格界面。换种方式思考这个问题：如果交互不需要在空间的三个不同维度中运动，那么 3D 虚拟世界也是“小题大做”。或者，想运用虚拟台球桌学习几何(图 5.6)。

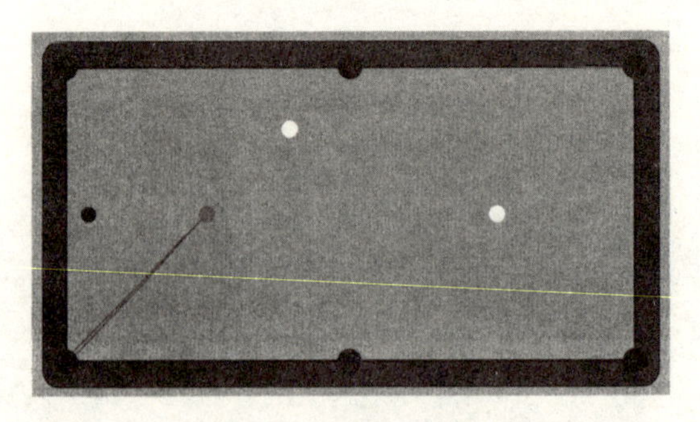

图 5.6　简单台球模拟

84　在图 5.6 中，俯视镜头的 2D 动画呈现出彼此撞击的台球以及与台球桌库边的碰撞，或许可以满足基础几何学的需要，但是，如果有人想学习如何使用母球击打这些相同的球，同样的 2D 方法可能就不能满足要求了。不同角度的交互是必须的，在这种情况下，采用全面的 3D 虚拟世界（图 5.7）是合理的。情境再次进入视野。

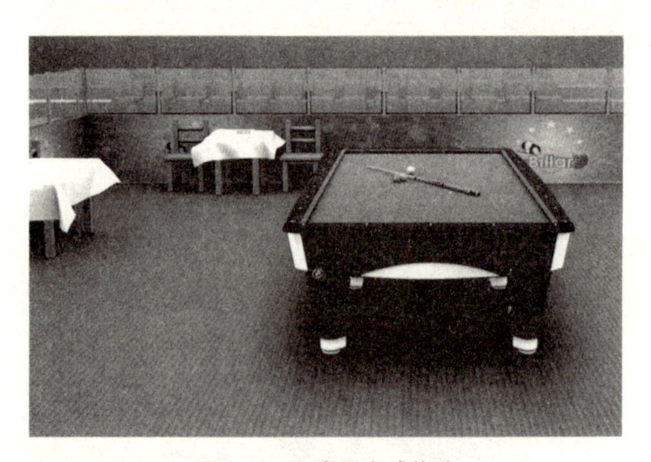

图 5.7　3D 虚拟台球体验

最后，我们必须考虑创作。在虚拟世界中学习者与内容的交互会产生什么，研究者一直在探索其可能性，同样的"小题大做"规则适用于此时的创作。如果某人工制品无法通过任何其他数字媒体方式创建，那么虚拟世界对于学习者的创作活动是一个很好的平台。例如，如果请学习者展示他（她）在太阳系行星间

85　航行的能力，就可以使用天文模拟器，例如 Celestia（图 5.8），或创作行星轨道的精确 3D 模型。

如果该人工制品很容易就能够在非 3D 环境中创作，通过虚拟世界不会更高

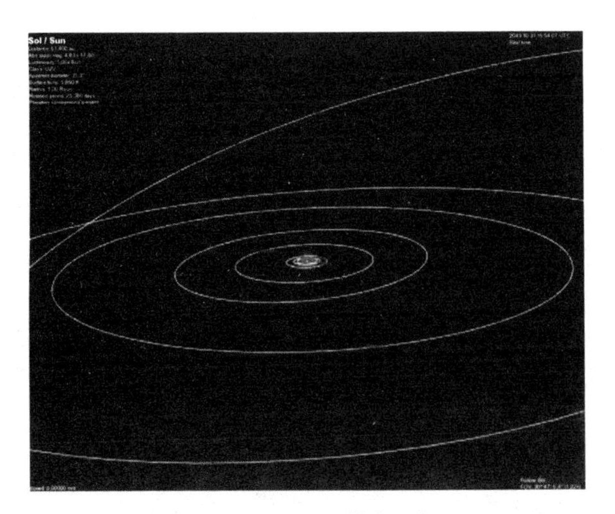

图 5.8　Celestia 上的太阳视图

效、更有效，那么虚拟世界就不太适合此类学习者创作。例如，如果学习者需要制作一个简单的文本文件作为他（她）学习过程的基本学习制品，一个简单的文字处理程序或许更好，一支笔和一张纸仍然可能是（处理）这项任务的最好工具集。或许决策过程中需遵循的一个简单原则，即不具备三个物理维度的制品不需要在 3D 环境中创建。这看起来极其简单，对吗？然而，从教育学的角度看，即使生产的制品不是 3D 的，如果生产制品的环境需要保留在虚拟世界中，如科学探究活动中观察研究日志，那么这些简单工具也应无缝整合到虚拟世界体验中。

回顾学习情境的三个主要方面即正式程度、环境和活动。是否需要为学习设计虚拟世界，尽管这三个方面不能为每种可能的实现提供详尽的细微差别的描述，但它们为你的决策过程提供了扎实的基础。根据项目的具体性质，正式程度、环境和活动这三个因素重要性的优先次序可能会改变，但是根据这里我们提供的信息，希望你能够识别每一个的重要程度及相应的决策优先次序。

86

学习者群体

不管你想要将虚拟世界部署在何种学习情境中，即使你锁定的目标受众非常具体，你的决策过程仍很可能涉及不同类型学习者的参与。首先要考虑学习者群体的三个因素：年龄、性别和种族。考虑到技术条件下学习者的学习参与情况，三个因素中的任一个都对你的决策过程有同等效应。目标群体中某个年龄段(性别或种族)的学习者在学习时通常会选择积极参与到虚拟世界中吗？显而易见，基于这三个要素(尤其对不太具体的目标群体)，学生的参与情况很快会变得相当复杂。在任何情况下，你应该查阅可能的研究文献，以验证你对学习者使用虚拟世界倾向性的直觉。假如，目标学习者群体使用虚拟世界技术的相关研究文献很少，甚而不存在，那么更好的替代策略是在目标群体对类似技术的倾向研究中找到证据。

87

目标学习者群体的现有文化对不同年龄、性别、种族的个体学习者的看法有着方方面面的影响，尤其是如果学习者群体构成是由人的外部因素决定的，例如，几乎没有共同特质的工人，共同点只是他们为同一机构工作，必须接受培训。因此，审视你对目标群体基于年龄、性别和种族的所有研究，认识到本研究过程中的所有发现还需要通过实用的视角去看，从而能够欣然接受目标学习者群体参与部署设计或获取的虚拟世界时，文化影响下的(潜在的)混乱现实。

以一种不那么含糊的方式来说，目标学习者群体巨大的文化差异问题对于语言的种类有直接影响，而语言作为虚拟世界学习体验的一部分，是你必须考虑提供的，尤其当获取虚拟世界而不是设计时。如果你一定要提供多种语言，那就必须确保获取的世界可以将语言本土化。显然，如果你正在设计自己的世界，只在虚拟世界开发中包括本土化功能即可。

对于目标学习者群体，要考虑的另一个重要因素是最大范围先前知识和经验的可能性，包括科目领域方面以及使用虚拟世界作为学习平台方面。根据科目领域性质，当你搭建虚拟世界体验脚手架时，可能需要处理大量不同层次的学习者知识与技能。我们简化处理，以二元方式(低—高)比较科目知识和虚拟世界熟悉度，将学习者分为四组进行说明(表 5.1)。

表 5.1　2×2 学习者先前知识和虚拟世界熟悉度分类

先前知识			
		低	高
虚拟世界熟悉度	低	低水平先前知识和低虚拟世界熟悉度	高水平先前知识和低虚拟世界熟悉度
	高	低水平先前知识和高虚拟世界熟悉度	高水平先前知识和高虚拟世界熟悉度

显然，在决策过程中，不管是设计还是获取虚拟世界，当考虑为学习者搭建脚手架时，因素越多(例如，多种必不可少的知识、技能，才智或经验)，你需要解释说明的群组也就越多。无论你如何按照知识和经验将学习者进行分组，由于用户与虚拟世界技术的交互性质(和潜在的复杂性)，你应该考虑将你的目标群体按照虚拟世界熟悉度进行分类。实现这种方式的一个很好的策略，是按照Cooper 的方法分为三组：初学者，中等用户和专家（Cooper，Reimann 和 Cronin，2007)。你不仅需要说明这三组的具体需求，而且应该考虑虚拟世界学习体验如何使用户过渡到更高级别的小组(如果有必要)。另请注意，如果你打算对虚拟世界进行大量的设计与开发(尤其是如果你对该领域比较陌生)，Cooper 的这本书是聚焦于交互设计的综合参考书，很值得在桌上放一本随时备用。 88

年龄、性别、种族、文化、知识、技能、智慧、技术悟性(technological savvy)：在为你的目标学习者与所选虚拟世界的可能性交互作出决策时，这些学习者因素都是需要考虑的。显然，你不会接近完美的预测，但最重要的是：在设计过程的前期，对你的目标群体做充分而适当的研究(例如，文献综述、访谈、焦点小组等)，但很可能这时你已经明确了学习情境的主要参数。针对目标学习者进行必要研究的具体策略，可参考有关需求分析这个主题的大量高质量文献。对学习情境和相关学习者群体实施良好的需求分析，能够为所规划虚拟世界的边界及参与者角色的良好决策提供适当基础。

世界边界

在为学习设计或获取虚拟世界时，需要考虑另外一个重要问题：世界是开放的还是封闭的？除了真实世界本身的边界，开放世界并没有额外的障碍，边界实际上可通过世界所依存的计算机系统的局限来定义，意味着世界可以相当大。另一方面，封闭世界有明确的操作边界，限制了用户在虚拟世界中的探索(以及相应的体验)范围。

为什么你意图部署开放世界呢？开放世界提供非线性的游戏和世界探索模式以及潜在的创作可能，通常被称为“沙盒模式”。如果将虚拟世界看作一个以世界(盒子)边缘为边界的大的开放环境，而且该环境中没有任何事先形成的叙 89

事结构(沙子),那么这个比喻相当到位。如果沙盒模式的学习方法适合你的科目领域、学习情境和目标群体,那么你当然应该考虑将开放世界作为潜在策略。本质上讲,开放世界在底层往往更复杂,因为学习者接受、交互和创作的可能性范围更大(或是更加动态)。如果你倾向设计与开发而不是获取虚拟世界,这增加了开放世界机制的复杂性,需要认真考虑并将其视为潜在的开发障碍。如果将非线性游戏也作为因素纳入到这个公式中,那么复杂性会进一步加剧。在开放世界中,非线性游戏超越了沙盒模式,可以为学习者提供多种叙事方式。单从一组不同的视角,即课程与教学角度来讲,这种非线性适用于为学习而开发的虚拟世界。

这种复杂性通过过程性生成概念起作用,实际上涉及基于许多计算算法的"运行中"动态内容的创建。就虚拟世界来讲,意味着当虚拟世界加载到用户的计算机后,才产生许多世界内容。你作为决策者,为设计或获取的虚拟世界创建开放世界的沙盒体验或非线性的叙事学习(或方案),意味着可能要求过程生成。这意味着你的虚拟世界,尤其是需要自主设计与开发的,很可能需要更多的时间去开发。

如果由于这种复杂性(或其他原因),你决定用封闭世界代替,你当然应该考虑发生在虚拟世界学习场景中的"选择假象"的实现。你可能会想,什么是虚拟世界中必须提供的选择假象。实际上,封闭的虚拟世界是一个迷宫。在一个有限的空间中,学习者必须在一定时间内从点 A(场景的起点)到点 B(场景的终点)(图 5.9)。

图 5.9 一个简单的拼合状迷宫

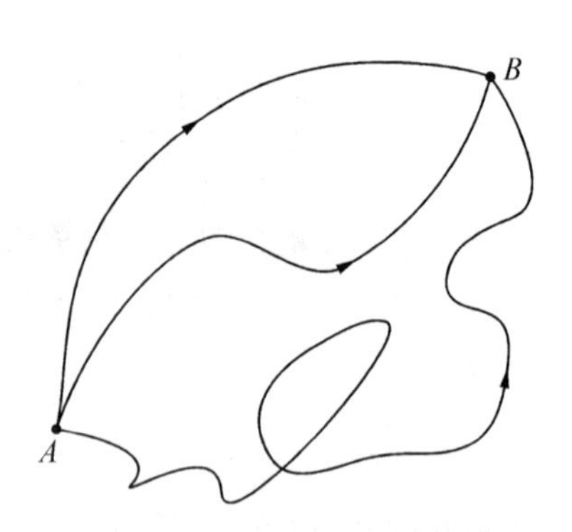

图 5.10 A 到 B 的多条解决路径

在选择假象下，在有限的空间中，学习者必须在一定时间段内从点 A 到点 B。然而，由于提供替代场景选项或切向路线（或两者结合），学习者不会察觉是发生在迷宫中的 A 到 B 的旅行。替代场景选项，是指完成学习场景的多种方式，本质上是在同样有限的空间中的多条解决路径（图 5.10）。 90

切向路线是安全的侧路且与主要的世界路径（或场景框架）不会偏离太远。这些路线采取较短的路径形式，穿过郊区边缘的树林、繁忙大都市的露天商场，甚至在完成主要场景前，学习者必须完成可选择的“侧面任务”（side task）。换句话说，这些切向路线可以是世界空间中的文字或隐喻叙事结构。在这两种情况下，这些切向路线能够帮助维持选择假象，封闭世界是一个迷宫，但是对于学习者而言不会感觉像迷宫。 91

再次重申，在决定采用开放还是封闭的世界时，你应该考虑的主要因素是学习者在特定科目领域中的学习需求。当然，学习情境的多方面因素将会影响你的决策，但是，当为你意图实现的虚拟世界决定世界边界时，情境的优先级低于学习者和科目。最后，你的选择，开放的还是封闭的世界对最后的决定有重要影响，即决定你在虚拟世界中的参与者角色。

参与者角色

我们把参与者角色作为本章关注的最后一方面，并不是它不重要。我们关注过的每个方面对你最终选择设计开发或获取虚拟世界都有决定性的影响，关于参与者角色的决策，对虚拟世界中有关目标受众的运作方式影响最大。换句话说，有关参与者角色的决策直接影响虚拟世界中的交互数量与类型，直接影响世界与 GUI 的关系（我们在第二、第三章进行了详细介绍）。参与者角色越复杂、越活跃，虚拟世界应用中的 GUI 与世界间的通信越复杂、交互性越强。关于参与者角色，有三个主要决策，在用于学习的虚拟世界中，每个决策面向一种主要参与者：学习者、教师和计算机。为了更好地理解你需要作出的关于三种基本角色的不同决策，让我们设想一个 SCUBA 潜水的虚拟世界（图 5.11）。

你需要作出的关于虚拟世界中学习者角色的主要决策是，世界及其场景规划为独自体验还是合作体验；你需要单用户还是多用户世界，去承载（host）目标

图 5.11　虚拟 SCUBA 模拟程序

受众、科目领域和情境必需的多种类型的学习活动；或许你需要两者的混合（如果你不确定如何作出决策，请再看看我们在第四章讨论的关于社会建构与协作的相关内容）。在 SCUBA 世界例子中，或许学习者必须单独完成识别水下物种的最初培训练习，接下来的课程必须通过手势信号进行水下通信，这必须是与在场的其他学习者合作完成。在这种情况下，设计或获取虚拟世界的最好决策是能够开展多用户活动，即为了在后续训练中进行协作。在单用户世界中你通常可以开展个人活动，但是却不能在为个体学习设计的虚拟世界中开展合作学习。

92

需要考虑的另一个因素是，在虚拟世界中是否需要一名教师、培训师或教练，扮演参与者角色陪伴在学习者旁边。在 SCUBA 例子中，教师是否与学习者一起进行虚拟潜水？教师作为虚拟世界中的有经验的角色，是否需要具备超越学习者的附加能力？在 SCUBA 例子中，以某种方式展开的学习场景中，教师有能力改变珊瑚礁或当地物种活动的特征吗？如果课程涉及紧急情况下的迅速、高效的水下通信，教师能够触发鲨鱼进入水中吗？接受、交互和创作，教师对于哪种活动的虚拟能力必须超越他们的学生呢？用户（学生与教师）的虚拟能力水平差异意味着必须创建虚拟世界中参与者的多种参与角色类型，这不仅是设计与开发虚拟世界的主要因素，而且该因素在获取决策中占有很大分量。另外，为什么仅停留在两个角色上；参与者在给定的虚拟世界的学习过程中，某些时候是否需要其他参与者角色，如来宾演讲、专家意见等。作为决策者，根据必需的虚拟能力，这些额外的人物角色需要更多的参与者角色进行区分吗，或者是不是可

93

以将它们简单地纳入学习者和教师角色中?

最后,你应该考虑可能出现在虚拟世界中的非人物角色。计算机控制的角色或者“代理”是虚拟世界中现实存在的重要组成部分,借助谨慎地设置许多这样的代理,来充分利用虚拟世界提供的功能以超越现实世界中的学习。在 SCUBA 例子中,也许每种鱼都受一个训练代理(schooling agent)的控制,或者实际上个体鱼就是遵循几个关键准则的自主代理(如“当潜水员靠近时游向另一方向”)。根据教学必要性水平,世界中的某些教学可能以指导实践的形式进行,由学习者与计算机控制的潜水员代理协作来完成,代理的行为能力可以略高于目前学习者潜水员的评估能力水平。这个概念强调了虚拟世界中有关计算机控制代理填充虚拟世界的另一个问题:每个代理的人工智能程度如何?大部分计算机控制的代理都有一定程度的人工智能,甚至包括最基本的形式。一个相当基本的人工智能的例子即寻路(pathfinding):代理使用一组规则(通过一些编程语言渗透到代理中)从点 A 到点 B,在选择的不同成功路径的点上航行(图 5.12)。

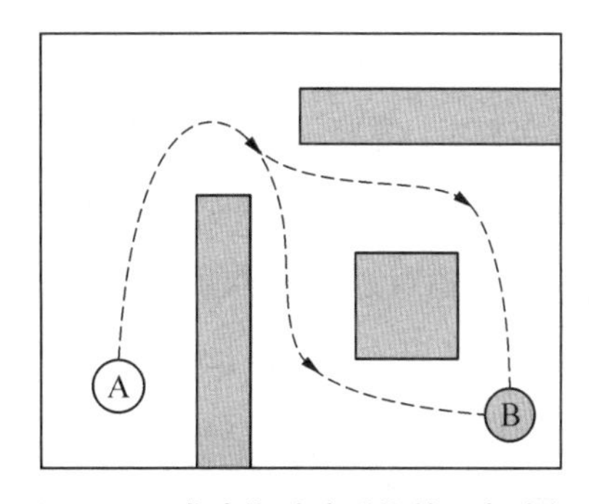

图 5.12　成功绕过障碍物的两条路径

在任何情况下,你希望虚拟世界中的计算机代理越多,你的世界将变得越复杂。随着代理复杂性的增加很有可能将会增强必需的处理能力,以无缝方式操作虚拟世界给予学习者浸入式体验。

结论

94

正如你所看到的,当涉及定义虚拟世界的学习情境时,需要作出很多决策,这些决策需要以正确的顺序尽早完成,尤其当你设计或开发自己的世界时。希望本章呈现的例子使你相信,世界边界和参与者角色确实取决于科目领域、学习情境和目标学习者群体。换句话说,不要本末倒置。当然,你不能确保在设计与获取过程中早期作出的决策是最好的决策,但是,最好的办法就是尝试:决策并实施。确保计划适当的评估技术能够在结果中收集证据,从而回答设计/获取的决策的质量。为了帮你做到这一点，我们将在后面章节讨论实现与评估。

测试你的理解

选择任一科目领域，并描述该领域的各个方面，以确定虚拟世界技术是否适合该科目领域。

学习活动

1. 选择自己设计的或其他的已有虚拟世界，使用本章描述的基本原则分析应用程序。选择从领域、情境和人群几个方面写一份关于该应用程序的简短分类评判。思考领域、情境和人群以及世界边界与参与者角色之间如何互相影响。

2. 为特定的学习者群体写一份关于一个或多个特定科目领域中的特定内容学习情境的正式需求分析。

参考文献

Cooper. A.，Rfimann，R.，& Cronin，D.（2007）. *About Face 3*：*The essentials of interaction decision*. Indianapolis，IN：Wiley.

95

其他资源

需求分析或需求评估是定义虚拟世界情境的基础部分。评估群体需求的三个主要工具是问卷、访谈和分组讨论。这里我们提供如下资源条目，对于学习这三种工具是一个好的开始。

问卷

Fowler，F. J.（2002）. *Survey Research Methods*. Thousand Oaks，CA：Sage Publications.

访谈

King, N, & Horrocks, C. (2010). *Interviews in Qualitative Research*. Los Angeles, CA: Sage Publications.

分组讨论

Krueger, R. A. & Casey, M. A. (2009). *Focus Groups: A practical guide for applied research*. Thousand Oaks, CA: Sage Publications.

96 # 第六章　虚拟世界中的测量与评价

简介

在设计给定主题的课程时，不幸的是，评价总是事后的想法（或者更差的是，从来不被想起），事情往往如此。评价是学习设计中的重要组成部分，虚拟世界中学习的评价当然也不例外——当然，好的评价需要好的测量。这章包括虚拟世界中学习测量与评价的几个重要方面，从概述测量和评价的不同开始，对信度和效度进行简单回顾——具体来说是以虚拟世界中的学习为导向。接下来的部分是关于虚拟世界中哪些组成能够（且应该）被测量。

测量与评价

我们设计虚拟世界中的学习主要是为了（或至少应该是）使学习某一或某些科目中某一或某些概念更便利。我们投入了大量的精力思考为虚拟世界的方方面面作出抉择，来保证学习者能够达成课程目标，保证学习按计划如期发生。我们作为设计者和教育者如何能保证虚拟世界中的学习如期发生呢？我们可以独立地或协作地评价学习，在各个时间段，如学习出现之前、之中和之后，来观察我们计划之中的结果是否的确表现出来了。好的评估（evaluation）技术需要好的评价（assessment）技术。好的评价本质上是根据来自可靠的数据源得出的有效推论所作出的判断（decisions）。而可靠的数据源则有赖于可靠的测量（measurement）工具。（如果你对效度和信度感到混淆，别失望，我们会在本章的下一节介绍这两个老朋友。）

97 我们已经将这几个概念大致地联系起来了：评估需要评价，评价需要测量。

我们评估虚拟世界主要有两个目的：观察学习是否真正发生了，评判虚拟世界本身的质量（根据一些与具体实施相关的预定因素）。然而，为什么评价和测量对于虚拟世界中的学习如此重要呢，为什么应该区分评价和测量这两个过程呢？让我们逐一回答这些问题。

评价对于虚拟世界来说很重要，因为这让我们判断学习是否发生，到达何种程度，仅测量本身并不能显示出这些结果。这就是评价对于评估学习十分重要的原因。而且，良好的评价（基于有效推论）对于虚拟世界来说是至关重要的，这是因为事实上对于大多数科目来说，虚拟世界至今尚未被证明是比既有方式更好的平台。如果收集这类证据的方法是合理的，无论是支持还是反对在该科目中使用虚拟世界进行学习，任何科目中关于虚拟世界中学习的评估性证据都会更有说服力。在这里，合理的方法论即设计良好的（正确实施的）评价计划。

试想评估相当简单的东西，如服装。你衬衫的袖子有多长？对于评估衬衫袖子长度来说什么样的评价方法是好的？你为什么需要知道这一长度？如果你想要再缝制一件大小精确一致的衬衫，你的评价计划应该包括某种测量单位——最好是和你的裁缝使用一样的单位。如果你的袖长是34英寸，你就会想让你的裁缝把你将来所有的衬衫袖长也做成34英寸。然而，如果你站在商店中，正试穿一件衬衫，那么测量单位就是你的胳膊。这件新衬衫的袖子是太长了么（比胳膊要长），太短了么（比胳膊要短），还是正好（和胳膊恰好一样长）？现在设想一个更重要一点的例子：婴儿。一位新妈妈想要知道她的孩子是否发烧了。她是会依赖她的手背作为万无一失的方法还是使用体温计呢？

具体针对虚拟世界中学习的评价方法又如何呢？评价虚拟世界中学习的最佳方式是什么呢？测量发生在学习者进入虚拟世界之前、之中和之后会有什么影响吗？在学习者进入之前、之中和之后应该测量些什么，才可能获得最佳的信息并从中作出关于学习的推论？你应该试着作出何种推论来更好地支持作为特定科目学习平台的虚拟世界的效果？这些问题可以引导虚拟世界中评估学习的评价设计。

98

接着，我们要问：为什么测量很重要？测量对于虚拟世界来说很重要是因为评价对于虚拟世界很重要。如果用以次充好的测量工具去测量评价设计者定义的构念*(construct),完美的评价计划基本上是无用的。重新考虑一下衬衫和裁缝的例子。如果裁缝使用国际公制,以厘米为单位剪裁布料,那么你测量胳膊的长度(以英寸为单位)就不是最佳信息。然而,如果裁缝和你选择的测量单位都是厘米,但是你使用的测量工具的制造商印刷的英尺单位比裁缝使用的测量工具上的单位要稍微窄一点点,评价计划就完全被破坏了。公制单位的问题可以很容易地被解决,只要快速换算一下单位。然而错误工具的问题更糟糕——你和你的裁缝都会假设自己版本的 34 英寸是准确的,但事实上区别是很大的,并且你最终会拿到一件袖口盖过指尖的衣服,因为你在不知情的情况下给裁缝提供了关于你臂长的不准确数据。同样的情况也会出现在年轻的妈妈和发烧的孩子身上。一个错误的体温计可能会让他们白跑一趟当地医院的急诊室,或者更糟糕的是让妈妈留在家中,被一个不准确的低温读数所安慰。两个案例中,你和这位母亲使用了不好的测量工具作出了"正确的"评价决定。

再接着,虚拟世界中为了评价学习需要怎样的测量呢?测量是应该出现在虚拟世界中还是与之分隔开来?你能找到或是开发出严谨、准确的测量工具以便在虚拟世界中使用吗?如果你打算使用一个已经存在的虚拟世界,那么这个问题是毫无意义的:你计划使用的虚拟世界中可能不存在世界中的测量。如果是这样,那么何种方式的测量是可行的呢?不过,如果你打算自己去设计虚拟世界,你会想要在设计的早期阶段,例如,当你在创造一些帮助你选择最佳开发平台的明细列表时,决定是在虚拟世界之中还是之外测量学习。如何以及在哪儿测量需要测量的指标来评估你开发的虚拟世界中的学习,这对于虚拟世界的设计计划的其余部分有巨大的影响。

将测量实施的决定当作设计和开发虚拟世界的指南,这一看法指引我们返回到将测量和评价当作两个独立过程加以区分的重要性上。一般来说,最好是保持这两个概念分离以避免在许多后续阶段(实施、交流、评判等等)上的混淆,并且,区分两者的最简单方法是记住评价是判断(decisions),而测量是工具。在虚拟世界中评估学习,这一区分是相当重要的:有当今的前沿技术做基础,虚拟世界可以成为相当高端的评价工具,然而却并非真正能精细地评价判断者。还

99

* 构念:为了测量或衡量,进行明确而有效定义,能够清晰表达出来的概念。——译者注

好，虚拟世界的评价过程仍然需要人类参与，当然坦白地讲，人类也应该被包含其中。

关于虚拟世界中测量和评价的一个小例子，是在正式的教育场景（例如教室）中使用这些虚拟世界作为绩效（performance）测试环境。“拯救科学”，我们在本书前面部分讨论过的虚拟世界，就是这类的世界。学生参与一系列被限制在虚拟世界之中的活动（复杂程度不同）。虚拟世界在多种维度下记录这一表现，虚拟世界本身就是测量工具。教室中的教师会使用工具提供的证据，作出关于学生个人绩效的评价判断，包括这些基于绩效的证据表明了学生学习的发生与否。在这章的后面我们会更进一步对这一概念作出解释，让我们先来看看信度和效度。

信度和效度

在测量、统计和方法论的研究共同体中，信度和效度两者之间的区别、综合性本质（comprehensive nature）一直在被讨论。无论是理论视角还是实践视角都已经有很多关于这两个概念的文本。然而，出于本书的目的，我们将在信度和效度上做一个简单的区分，讨论它们如何用于虚拟世界中的学习。基本上，信度和效度的区分可以归结为精确度（precision）和准确度（accuracy）的区分。为了证明这种区分，并将这两个概念应用在虚拟世界，让我们来设想一下标准的飞镖盘（图 6.1）和飞镖游戏。

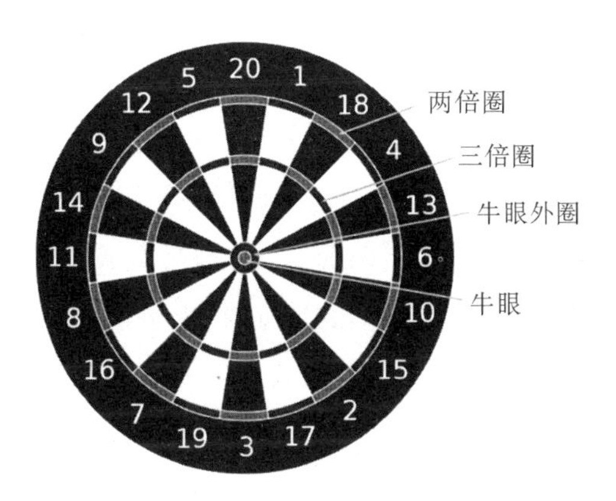

图 6.1　常规飞镖圆靶图示

在各种飞镖游戏中，你和对手轮流投掷飞镖三次。飞镖会射在飞镖板上，三支飞镖的排布呈现出某种图案（图 6.2）。

图 6.2　飞镖圆靶上的飞镖

图 6.2 中的三支飞镖投掷的精度差不多，它们在飞镖盘上呈现出了聚拢的紧密排列图案。假设投掷飞镖的人的目标是瞄向靶心的，这三次投掷的准度也相当。在任何情况下，这三支飞镖的精确度和信度相关，三支飞镖的准确度则与效度相关。换句话说，精度是重复投掷的函数，而准度是对三次投掷的位置的结果判断（value judgment）。以精确的投掷模式投出三支飞镖很可能会完全脱离目标，如紧密地聚集在盘子的外沿（在双环之外），也就是非常的不准确。

思考一下测量和评价，信度主要与前者（精确度）相关，而效度则与后者（准确度）相关。作为教育者，理想中我们使用可信（精确）的测量工具来收集证据帮助我们作出有效（准确）的评价判断。也有可能我们以一种无效度的方式使用了高信度测量工具，导致了不准确的判断集合，即使评价工具是精确的。一个常见的没有效度的测量的例子，是使用原本用来测量构念 X 的测试 X 时，我们以为我们正在测量构念 X，其实我们真正需要测量构念 Y（当然，应该使用测试 Y）。我们使用测试 X 进行了测试，测试结果不过是参与测试的学生们在构念 X 层级的证据，接着我们使用这些精确收集的证据，作出了这些学习者在构念 Y 层级的判断。

在设计学习的评估计划时，我们应该选择一些构念，而这些构念必须被可信地测量，这样我们才能够作出有效的评价判断，为评估过程提供信息。如果在这个链条中的任何一环(构念选择、测量和评价实施)是薄弱的,那么评估过程将很可能出现错误,甚至被完全破坏掉。

选择虚拟世界中需要测量的构念

先说重要的。以防你还没有听说过,测量学习是不可能的。是的,我们能够“评价”学习,但是为了做到这一点,我们必须收集可测量的构念的证据,而这些构念须在所评估的境脉(context)中是有意义的。仔细思考虚拟世界中的评价,一旦你定义了可测量的构念,而你又希望通过测量这些构念来对学习进行评价,接下来你需要决定这些构念中的哪些能够在虚拟世界中被测量——哪些应该在虚拟世界中被测量。当然,这需要回答如下两个紧迫的问题:

1. 虚拟世界中可以测量什么?
2. 虚拟世界中应该测量什么?

可以测量什么?

正如本书中对虚拟世界的介绍,分成了两个章节:图形用户界面和世界(the world)。要弄清楚虚拟世界中什么是可以测量的,最好也使用这种策略进行阐述。对于某些构念来说比较好的测量方法,是将其作为由个人学习者(或一组学习者)完成具体任务的世界中绩效(in-world performances)。同样,某些其他的构念最好使用嵌入在图形用户界面中的工具来测量。

102

世界:测量绩效

哪些与学习相关的构念最适合在世界本身中进行测量呢?是那些随着时间推移在三个维度上都需要记录的构念。换句话说,除非是在三个维度上,否则不可能充分测量某一学习者的构念 X,并获得可信的证据。再加上,对三个维度内随时间推移的绩效数据的持续测量,能够为学习提供更有说服力的证据,因为虚拟世界能够测量三个维度上所有的变化(或成长)。这种证据不可能在使用纸笔测试和标准化测验的答题卡(远少于这些测试的 2D 数字版本)时轻松获取。

是否仍然觉得困惑?更好地理解哪些构念适合在虚拟世界中评价的一种方式,是去思考作为你在这些构念上作出评价判断的证据,能够真正地实施测量、收集数据的是什么。计算机将实施这些测量,所以让我们从计算机的角度看待世界中绩效数据的测量。计算机如何才能"看见"学习者的世界中绩效呢?

分类证据作为数据,以一种计算机可识别的方式,是解析计算机理解学习者的世界中绩效所产生证据的一种方法。我们已经作出了这种分类(Nelson, Erlandson 和 Denham, 2011),我们将这种分类称为渠道(channels),准确点说是整体证据渠道。来源于学习者在虚拟世界中的绩效证据主要有三种渠道:位置和运动(location and movement);对象交互(object interaction);通信活动(communication activities)。表 6.1 提供了具体形式的例子,即每类渠道中可以获得的证据。

表 6.1　整体证据渠道:主要证据来源

主要证据来源		
位置/运动(LM)	对象交互(OI)	通信活动(CA)
位置追踪	交互类型	简单通信
■ XYZ 坐标	■ 单击/选择对象	■ 符号
■ 访问的位置	■ 捡起(抓起)对象	■ 信号
■ 在 X 位置花费的时间	■ 松开(放下)对象	■ 讲话(如果是整合在世界中)
运动追踪		
■ 方向		
■ 速度		
■ 加速度/减速度		

通过制订计划,依托于计算机系统的虚拟世界,在对世界中绩效实施测量时,能够将这三种不同类型的证据高度区分开来。可是,想一想,在现实世界中,即便是一个简单任务,要将所有行动都记录在数据库中会有多复杂。拿买一包口香糖做例子。买口香糖的人要在商店中来回行走以便定位口香糖的位置。买口香糖的人在商店中每一秒钟的位置坐标(X,Y,Z)和时间标识都会被记录在数据库中。这些会作为在商店区域内运动的证据,这些坐标记录可以用来判断方向、速度和加速。

103

买口香糖的人会和多种对象进行交互,包括要买的口香糖。在他(她)拿起他(她)想买的口香糖之前,他(她)也许会在世界中接触几种不同的"成包的口香糖"(把每一种拿起来,当他(她)不要的时候再放下)。每一次的对象交互都会被记录在相同的数据库中,如时间标识、对象的名称、出现行为的种类等信息。这一对象交互的证据能够被用来调查与这一活动相关的交互模式。

买口香糖的人会和商店的收银员交流,问他(她)口香糖摆放在哪道货架。这一声音沟通事件与时间标识和事件描述一起被记录在数据库中,也许还包括真实说话单词的录音。这一事件的证据可以与位置/运动数据进行比较,来判断买口香糖的人是在他(她)独自搜寻了大半个商店之前还是之后向收银员进行了求助?

也许你已经注意到了,尽管只是一个人走进一家商店买了一包口香糖这样的简单事件,也能够通过这些渠道收集到大量证据。甚至没有人做了测验!进入虚拟世界后,通过这些渠道发生的同样复杂的行为,能够被轻松地记录下来并作为学习的证据使用。在你自己的世界中,你能想到一些世界中事件成为学习证据的具体例子吗?

你马上就会发现下面这一点,对于虚拟世界中典型学习者的绩效表现来说,来自这三个渠道的证据很少会彼此独立分开。并且,想一想一个真正的真实评价的目标,再想一想,可收集的绩效表现证据的复杂性已经远超过买口香糖这一简单行为。幸运的是,如果我们真的想努力将真实测验封装进虚拟世界,这些证据渠道可以组合成对,并且,三个渠道都是同时的。让我们从渠道之间的两两组合开始(表6.2)。

表6.2　整体证据渠道:渠道的两两组合

渠道的两两组合		
LM和OI	LM和CA	OI和CA
面向对象运动或离开对象	运动以完成通信	通过对象交互而通信
对象的运动	关于运动的通信	关于对象交互的通信
和对象一起运动		

位置/运动和对象交互两种渠道相互组合时,有三种潜在的复杂证据的来源:面向对象运动或离开对象,对象的运动以及和对象一起运动。例如,学习者(任务执行者)在虚拟世界中是否接近或是离开一个或多个对象?对象的运动包

104

括执行者射击或投掷对象，又或执行者开始使之运动的对象（如陀螺），或是并非由执行者触发的自旋。执行者和对象一起运动，包括携带着对象，其间对象是运动的，且只与执行者的化身直接接触，还有推、拉或是拖拽对象，其间对象是运动的，并与执行者的化身和环境同时接触（既可以是同时的也可以是间断的，取决于运动的参数）。

当位置/运动和通信活动两个渠道组合时，可以收集到两类关于学习的复杂证据：运动以完成通信（communication）和关于运动的通信。运动以完成通信包括简单的表达任务，例如，所有或部分学习者角色的运动（没有对象），实现与虚拟世界中的另一个人或计算机控制的角色交流想法和过程。例如，如果一个角色摆动他（她）的虚拟手臂去吸引站在他（她）旁边的人的注意，这就是一个以动作（运动）完成的通信。相反地，如果学习者以一种自我参照的方式（self-referential fashion）通过位置和运动进行通信，执行的任务就是关于运动的通信行为。想一想演员的鞠躬，体操运动员在常规表演结束时的旋转姿势，你就有了两个自我参照的关于运动的通信的例子了。然而，通信不一定都需要自我参照。考虑一下使用手的信号去和其他的动作（运动）通信——例如警官用他（她）的手来指挥交通。

同样地，当通信活动和对象交互这两个渠道组合，可以收集到两种关于学习的复杂证据：通过对象交互而通信和关于对象交互的通信。第一种证据是基于学习者创造的符号或信号，或是带有静止交互（stationary interactions）的世界中对象（或空间）的“标记”，从而为其他人或计算机控制的角色留下信息。你一定会问静止交互是什么？记住这是不包含运动的通信和交互（我们很快会讲到这三者）。通常，学习者与对象的交互即通过对象（或空间）改变的方式产生符号或信号，要注意，这个信号物不要求非得运动。例如，想一下如果有人趁你不在的时候重新摆放了你家中或办公室的所有家具。等你回来的时候，房间中没有任何一个对象是必须在运动状态，但是你却注意到每一个家具都在某种程度上被动过了。另一个例子，想想在世界各个不同的地方，石堆常常被用来在铁路系统上指路（way-finding）（图 6.3）。岩石堆——没有运动——被用来通信。十分有趣的是，这些具有目的的岩石堆被称为堆石界标。

105

第二类证据，关于对象交互的通信，可能极少出现在虚拟世界中，因为虚拟世界中的通信需要某种移动。然而，如果学习者通过进一步的交互，以一种作为

图 6.3　Oyggjarvegur 的堆石界标

图 6.4　约旦河西岸墙上的涂鸦

(serve as)回应原初交互的方式,改变了之前创造的(created)对象,那么这样的证据就真正出现了。关于对象交互以改变之前的对象交互,作为对信号物的评论,最好的例子很可能是隔离墙上的政治涂鸦,如 Banksy 在以色列隔离墙上的涂鸦(图 6.4)。涂鸦没有移动,但它却是对象交互的证据,在另一个对象之上产生(对其进行回应),而这一对象是放置在这里来定义这个空间的,是在空间中的对象交互。

到涂鸦这里,我们关于两两组合部分的讨论就结束了,接下来探讨三个渠道的组合(表 6.3)。也许你已经开始猜想了,许多在虚拟世界为学习收集的复杂

证据将会来自包含了三者组合的绩效表现——正如大多数真实世界中的绩效表

106 现本质上是三合一的:运动、交互和通信。

表 6.3 整体证据渠道:三个渠道组合

三个渠道组合
LM 和 OI 和 CA
关于对象运动的通信
对象运动中的通信
通过对象运动的通信

而且,应该不会惊讶于三种不同的复杂证据组合全都紧密铰合着通信:关于对象运动的通信、对象运动中的通信、通过对象运动的通信。当学习者表现出通信行为,尤其是关于对象运动的通信行为时,关于对象运动的通信就会出现,无论这些对象是否由运动中的学习者或是角色(人或计算机控制的)、其他外力引发的。想想两个小孩在公园,其中一个拿着气球。孩子松开了手中的线,气球悄

107 悄地飞走了。另一个孩子看见了飞走的气球,他(她)碰了碰第一个孩子以引起他的注意,然后摆出指向天空的手势指着飞走的气球。两个孩子都看着气球继续飞远,男孩向气球挥挥手表示再见。

虚拟世界中对象运动中的通信,会出现在学习者在移动一个或多个对象的过程中。无论是在讲到移动的对象时或是移动的情境(context)中,当学习者(或一组学习者)持续用力保持对象运动时,该学习者和其他角色保持着通信。另外,在通信过程中,如果没有持续的努力,对象将不会持续移动。要顺利地将一个长沙发或是咖啡桌搬下楼梯,尤其是带着转弯的楼梯,如果你曾经帮助朋友将他(她)的行李从一个房间搬到另一间,你可能就会知道这需要多少必需的通信。

最后,通过对象运动的通信,被认为是虚拟世界中由人控制的角色之间最基本的非语言通信。通常来说,这类复杂证据能够通过对一个或多个对象运动的视觉呈现来生成,或是通过创造包含了一个或多个对象运动的标识或符号。复杂示范通过对象运动通信的典型例子是击剑,或者应该称为虚拟击剑(图 6.5)。如果专家在一个虚拟训练平台给新手示范击剑移动,如图 6.5 中的刺击,专家和新手的沟通是通过示范对象的运动,在这个例子中是花剑。

图 6.5　击剑中的“弓箭步”练习图示

图 6.6　一个美国海军通信兵使用旗语与靠近的船只交流

旗语信号系统是需要对象移动来进行标识和信号传递的一个好例子，旗语包括鲜明的红色和黄色旗子，通信兵人手一面（图 6.6）。每面旗子的不同位置表示不同的字母。这基本上是一套视觉摩斯密码，用来在远距离的视线之内传递信息。

最后一个要思考的问题：学习者表现出的通信行为不一定都是有目的的。当学习者的目的是避免通信，通过对象运动的通信可以以一种错误的方式来完成。例如，偷偷地靠近一只稀有种类的燕雀，希望获得更好的视野，脚下却突然踢到了一块石头，惊动了鸟，它飞走了。这可以作为一个绝妙的例子，对于学习的一个方面，从错误中学习，能够在虚拟世界中被测量。让我们来看看不小心踢了石头的人，我们叫他 Jack，正试着完成某一具体的“田野调查”实践探究，这个探究活动是设置在虚拟森林中的鸟类学模拟学习的一部分。在第一次进行实践探究时，Jack踢到了石头，吓到了鸟儿，破坏了他的任务，使之不可能在分配的时间被完成，导致了这次探究的失败。在他的探究尝试结束时（回到虚拟鸟类研究中心总部），Jack收到的部分反馈中将包括一份基于评价的指南，这份评价是根据自动记录的证据作出的，记录的是他踢到石块的突发事件。接下来，在重新尝试观察稀有鸟类的相同探究实践中，我们希望他会更小心地去避开石头，以免再犯相同愚笨的错误。

在某些方面，世界中工具和综合证据渠道使得一些类型的测量成为可能，虽然似乎也是有限制的，尤其是当你单独地关注每种渠道而不是两者和三者的组合时，但是它能够以之前不可能的方式直接对绩效表现进行数字测量。如果与GUI实现的测量工具结合使用，这些绩效表现证据具有改革评价实践的潜力。

109

GUI：嵌入式评价工具

许多学习者的特点或构念都能够通过GUI实现的测量工具进行测量，从情感构念，如参与度（engagement）和自我效能，到知识构念，如陈述性或是过程性知识，同样也包括元认知特点，如自我管理。简言之，如果某一特点或是构念是能够被传统的纸笔或是网络调查程序测量，那么就能够在虚拟世界中通过GUI管理的测量工具测量。题目通过交互界面呈现给学习者，回答则被记录到数据库中，用以追踪学习者随着时间推移获得的进步。基于GUI的测量工具优于传统调查工具的地方在于，它能够以整合在虚拟世界的叙事场景中的方式呈现给学习者，而不打断学习者在世界中的学习体验，从而避免学习者参与度减弱的可能。

例如，在Cloverdale分水岭虚拟世界（Erlandson，2012）中，学习者会被重复地测试他（她）识别水循环中自然属性的能力（图6.7）。根据学习者对水循环中多种（16）元素的个人探究，测试在整体的学习场景中进行了四次。每一个学习者探究的元素是根据他们采访Cloverdale不同居民的顺序，每当完成第四个元素时，测试就会以“紧急实验室传送”的方式从学习者研究助手送达到学习者面前。

测试是被动态填充进去的，以包含与最近学习者浏览过的四个水循环元素相结合的文本标签，如大气存贮、蒸腾、地表径流、泉。测试中每一段包括三个同样的题目，以叙事的形式出现，以便保持学习场景的“感觉”：

110

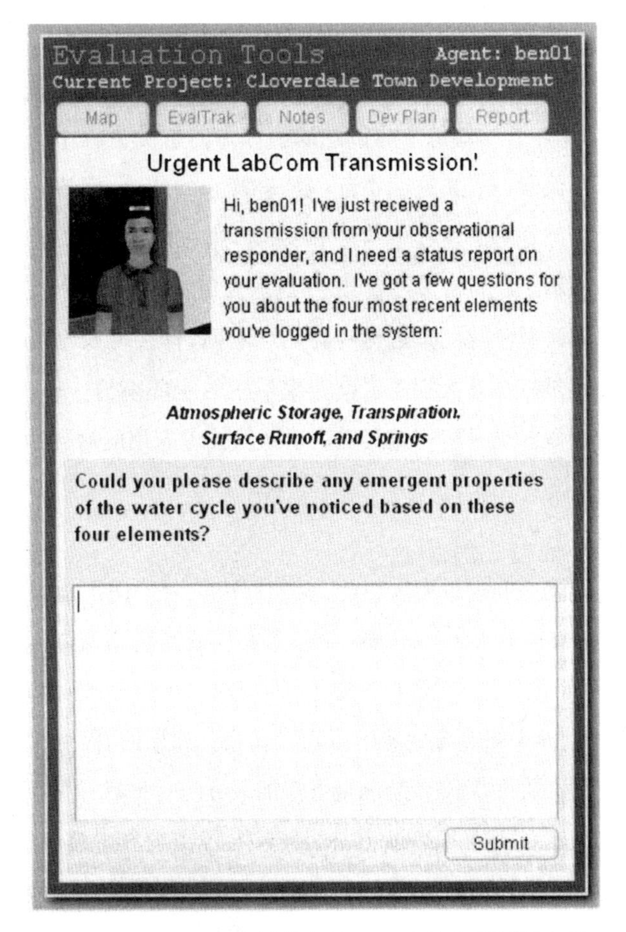

图 6.7　Cloverdale 虚拟分水岭 GUI 中嵌入的测量方法

研究助理："嗨，{用户名}！我刚从你的观察对象那里收到讯息，我需要一份你评估的状态报告。我有一些问题问你，都是关于最近你登录系统时遇到的四个元素：

1. 请根据你{最近观察的四个元素}描述你观察到的水循环出现的自然属性。

2. 你能帮助我理解{最近观察的四个元素}是如何适合水循环的情境的？

111

3. 你能描述一下你在水循环中注意到的任何有趣的交互形式或样式吗，包括{这四个最近观察的元素}？

学习者在没有离开虚拟世界场景的情境下就能够回答这些问题(通过开放式的回应),并整合进叙事,提高研究助理的速度,使测试感觉起来不那么像真实测验。再加上,学习者回答每个测试题的时间点能够和世界中绩效证据的时间点统一起来。每位学习者将这两类证据结合起来的能力,回答和绩效之间的联系能够使我们更好地理解世界中绩效的不同形式在情感上和知识上的价值。

我们已经揭示了在世界和GUI中都能够测量什么的问题,甚至暗示了这两种测量技术协同改革学习测量的潜在力量。然而,什么可以测量和什么应该在虚拟世界中测量是有显著区别的。就像生活中的全部事情一样,仅仅因为你能并不意味着你应该。这一格言尤其适用于拷问技术应用的恰当性。

应该测量什么?

与更传统的测量和评价方法相比,要如何决定应该使用虚拟世界测量什么呢? 决定的过程看似简单。对于每一个包含在你的测量草案中标识和定义的构念,你必须回答如下问题:草案中的构念测量境脉,在测量、评价和/或评估水平上,一定要使用世界中绩效或世界中测量工具吗? 如果回答是,那么虚拟世界测量方案加一分。如果回答不,传统测量方案加一分。对于每一个在第一个问题中获得一分的构念来说,你必须判断它是否能够在虚拟世界中被测量,无论是在世界中还是通过GUI。如果对第二个问题的回答仍为是,那么这个构念可以继续保持它得到的分数。如果对第二个问题的回答为否,那么这个构念则要扣掉一分。

一旦你已经确定了你所定义的构念能够和应该在虚拟世界中被测量,你就可以计算总分了。在构念之中如果使用虚拟世界的总分要高于不使用的总分,

112

那么你就获得了一个在虚拟世界中实现你的测量草案的支持依据。当然,数量并不是唯一的决定因素。一些在你的测量草案中标识的构念很可能比其他的有更高的优先级。在这种情况下,有更高优先级的构念会有更高的权重,也许其价值在总分中相当于两分或三分而不是一分。例如,如果你的构念的总分,无论是由绝对定量还是定性的权重优先级来判定,应该在虚拟世界中被测量,那么你应该慎重地考虑建构或是获取一个虚拟世界来适当地测量你在草案中定义的构念。否则,将虚拟世界测量解决方案应用到一个不需要虚拟世界的学习测量问题上,这很可能是资源的浪费。这是一个很基础的概念,当你在设计作为测量工

具整合在虚拟世界之中的测量过程时，你应该一直保持它在最优先的位置，第九章会专门讲这个问题。

结论

根据评估、评价和测量的层级，我们已经完成了对评价和测量在学习评估中的重要性的叙述，以及在两个过程之中保持判断力的重要性。在我们对信度和效度的简要介绍中，我们强调了信度和效度，精确和准确（记住那个飞镖的比喻）之间的关系，以及考虑到虚拟世界这些概念是如何适应其中的测量和评价的。最后，我们详细地讨论了选择适合使用虚拟世界进行测量的构念的过程，包括世界中和 GUI。

测试你的理解

1. 描述测量和评价之间主要的区别。
2. 描述信度和效度之间的主要区别。

学习活动

思考如下问题，以回顾本章的内容。

1. 哪个科目的内容很适合使用虚拟世界进行测量和评价，为什么？

2. 哪个领域会比较不适合，为什么？

3. 简单来说，哪个学习群体会比较适合使用虚拟世界进行测量和评价，为什么？

113

4. 哪个群体比较不适合，为什么？

5. 选定一个具体的科目领域，结合科目思考一些学习目的（goals）和目标（objectives）。考虑一下这些目标被定义为测量中使用的构念的可能性，以及这些构念是否能够有效地在虚拟世界中被记录和测量。

6. 对于每一个在你的测量草案中为推导结论而识别并定义的构念，你必须回答如下问题:草案中构念测量的境脉,测量、评价和/或评估的水平,一定要使用世界中绩效或世界中测量工具吗?

参考文献

Erlandson, B. (2010). *Fostering Ecological Literacy: Recognizing and appreciating emergence in a complex virtual inquiry environment*. Arizona State University. ProQuest Dissertations and Theses.

Nelson, B., Erlandson, B., & Denham, A. (2011). Global channels of evidence for learning and assessment in complex game environments. *British Journal of Educational Technology*, *42*(*1*),88 - 100.

其他资源

如果你想要学习关于测量和评价更多的知识,下面的四本书能帮你打下良好的基础。

DeVellis R. F. (2003). *Scale Development: Theory and applications*. Thousand Oaks, CA: Sage Publications.

Henerson, M. E., Morris, L. L., Fitz-Gibbon, C. T., & University of California, Los Angeles. (1987). *How to Measure Attitudes*. New-bury Park, CA: Sage Publications.

Morris, L. L., Fitz-Gibbon, C. T., & Lindheim, E. (1987). *How to Measure Performance and Use Tests*. Newbury Park, CA: Sage Publications.

Reynolds, C. R., Livingston, R. B., & Willson, V. L. (2006). *Measurement and Assessment in Education*. Boston, MA: Pearson/Allyn & Bacon.

第三部分　设计用于学习的虚拟世界的理论观点

第七章　对虚拟世界和基于虚拟世界的课程的考量

117

简介

如前所述，近几年来，在多种理论框架的指导下，人们已经开发了一些教育虚拟世界，这些理论框架包括(但不仅限于)建构主义、认知加工、行为主义，以及更常见的情境学习理论。在创建虚拟世界时应用这些理论，有助于明确学习者在该世界中所从事的活动类型。当我们将现有的虚拟世界作为学习平台进行考量时，熟悉这些理论以及与之相应的各类学习活动，将提供不少帮助。

在本章中，我们会描述一个用于考量现有虚拟世界的框架，其中包括我们在第四章中提到的所有理论的相关方面，其中特别强调了建构主义和情境学习的相关观点。这个框架提供了一个实践指南，用于考量那些你可能想给自己学生或培训对象使用的现有虚拟世界的质量、影响力以及有效性。此外，当你在设计自己的虚拟世界时，这个框架可以为你可能想要包括的活动与要素提供一个基本指南。

David Jonassen，Kyle Peck 和 Brent Wilson 在他们的著作 *Learning with Technology：a constructivist perspective*(1999)中首次提出了一个框架，我们在此提出的这个框架正是以它为基础的。但就像书中的标题所明确的，他们的框架主要是以建构主义哲学为中心，并且更适用于一般的基于计算机教学和问题解决环境，而并非专门聚焦于虚拟世界。在接下来的讨论中，我们会从 Jonassen 等人(1999)的表格中借鉴评估表格的概念以及许多其他元素，以用于我们的量规，这一量规将重新聚焦在用于学习的虚拟世界的多理论考量。

118

对虚拟世界的考量

当你第一次自己动手设计用于学习的虚拟世界时，这可能会是一个极为艰巨的任务。可能性近乎无限。你的学习目标是什么？你在虚拟世界中如何达成那些目标？在你的虚拟世界中要设置哪些活动？本书将涉及所有这些方面。但在从头开始设计虚拟世界之前，先分析一下现有的虚拟世界，以批判和学习的眼光去看待虚拟世界本身的设计以及嵌入其中的活动，对我们来说是有益处的。有了对虚拟世界中活动实现机制的理解，以及对指导虚拟世界中活动安排的理论基础的感知，找寻其他人创建的一些案例，不管是好的还是差的，你都可以自信地对现有的虚拟世界进行考量。此外，如果你正处于既没有时间也没有钱去自己设计和创建虚拟世界的困境中，那么遵循这一步骤将相当重要，它可以帮助你在现有的虚拟世界中寻找到满足你所需求的那一个。

事不宜迟，这里是我们对 Jonassen，Peck 和 Wilson 的框架进行修改后的版本，专门用来对面向学习的虚拟世界进行考量（表 7.1）。首先看一下整体框架，然后再仔细地阅读其中的每一部分。这个框架包括了对虚拟世界进行考量时的一系列重点因素以及一个等级量表（从非常差到非常好）。

119 **表 7.1 虚拟世界考量量规：改编自 Jonassen. D. H，Peck. K. L 和 Wilson. B. G(1999)所著 *Learning with Technology：a constructivist perspective*，新泽西普伦蒂斯・霍尔出版社**

关注点	非常差	比较差	一般	比较好	非常好
基于情境的活动：					
练习时虚拟世界的外观与现实世界场景的匹配					
支持与现实世界的物件交互					
支持用户对虚拟世界的操控					
具有可观察性和推理性					
具有可记录和管理数据的工具					

续 表

关注点	非常差	比较差	一般	比较好	非常好
知识建构：					
内在动机					
问题的可识别性					
问题解决的机会					
协作性：					
支持学习者间的交互					
支持学习者与专家之间的交互					
支持社会协商					
以学生为中心的角色分配					
真实性：					
模拟了现实世界的复杂性					
需要更高层次的思维					
对劣构问题的识别和解决					
复杂的解决方案/多重答案					
意向性：					
学习者希望促成具体目标的实现					
学习者希望进一步发展和表达目标					
支持目标监测和报告工具					
活动与目标密切相关					
环境特点有助于学习目标的实现					

基于情境的活动

在关于学习理论的章节中，你已经了解到在许多用于学习的虚拟世界的设计和创建过程中，情境学习所占有的重要地位。回想一下，情境学习体现在引导学生在与现实世界相似的镜像场景下完成一些活动，这些活动在外观和感观上很像其在现实世界中的相应部分。考虑到这一点，我们的考量框架重点关注了现有虚拟世界在支持根据情境开展学习活动相关方面的质量。当对一个虚拟世界进行考量时，你首先要了解这个世界设计到了什么程度，也就是说将会开展的学习活动的场景与现实世界中会发生这类活动的场景在外观以及感观上的相似程度如何？

想象一下，如有一个用于教授学生作为紧急救护人员如何采取行动的虚拟世界。去考量这个假想的虚拟世界的第一步，就是判断它对情境学习（如情景化学习）的支持程度。比如，假设学生在其中扮演一个紧急救护人员，这个虚拟世界设计得看上去是不是像一辆救护车、一个事故现场或其他类似需要紧急救护人员的场景？

120

除了在视觉和听觉上要与现实世界相一致，这个世界还包括真实的外观和行为目标，你要对这些方面适合于相关场景和学习任务的程度进行评估。例如，在我们假设的紧急救护虚拟世界中，你会通过和现实世界相同的方式（可能经过了简化）去找到一组医疗设备。学习者与各种现实对象交互的能力在整个学习与参与过程中是至关重要的。试想一下学习者不能参与任何交互的虚拟世界，这将是一种相当枯燥的体验，基本上就像在3D的幻灯片中进行了一次虚拟漫步。交互对象可以提供一种途径，学习者通过这种途径可以建构和验证与内容和过程相关的知识，这些知识对设计虚拟世界中的学习目标来说是很重要的。出于类似的原因，对教育虚拟世界来说，有时支持对虚拟世界本身的操控也是很重要的。例如，虚拟世界可能允许用户自己设计和建造房屋，栽培和种植蔬菜，或改变河流的走向。这并非总是必须的：修改虚拟世界的功能应该用于支持学习目标，而不是仅仅因为从技术角度来说可以实现就随随便便将其包括进来。在我们的紧急救护虚拟世界中，从技术上来说完全可以支持用户建造一辆新的救护车，但这种功能并不会对学习真正起到促进作用。

在一个无论是看上去还是动起来都与现实世界的对应部分相似的情境中开展学习活动，部分价值在于这样的情境可以让学习者对他们在现实世界中将会遇到的某些现象进行观察并作出相关推论，从而获得关于这些现象可迁移的知识。例如，让我们回到先前假设的紧急救护虚拟世界中去。一个模拟事故现场的虚拟世界，具有不同的症状和伤痛的事故受害者随处可见，这为学习者们观察受害者，基于观察到的情况作出推论，并根据推论制订行动方案（心肺复苏、腿部处理、用药等）提供了近乎无限的可能性。

为了使观察、与物件交互和操控世界的机会得以充分利用，虚拟世界应该同时给学习者提供工具，以供他们记录和处理与虚拟世界交互过程中收集到的数据。在虚拟世界中嵌入课程的一大挑战在于设计好的虚拟世界往往是相当复杂的。学习者需要搞清楚散布在该世界中的一大堆数据的意思，既有位置数据（空间分布）也有时间数据（时间分布）。虚拟世界中的情境化课程往往被设计用来表征复杂系统，其中具有许多相关联的组成要素。在我们的紧急救护案例中，学习者可能就需要记录大量的交互要素。作为学习过程的一部分，为了搞清楚所有学习过程包含的要素的意义，数据记录和分析工具可以被并入虚拟世界中。常见的工具包括用来记录调查结果的电子笔记本，用来存储和分类测量结果的数据记录器，将收集到的数据进行可视化显示的图表，以及用来在虚拟世界中捕捉事物截图的摄像头。更详尽的工具箱还可能包括现实世界中工具的虚拟化版本。例如在紧急救护虚拟世界中，可能有心脏监护器、温度计、血压手套等。这些数据工具不仅仅用来支持学习，它们还提供可用于评价学习的信息。

121

知识建构

到目前为止，我们主要讨论的是从情境学习框架的角度对教育虚拟世界进行考量。当设计基于虚拟世界的课程时，情境学习和建构主义常常共同形成一个跨理论的学习框架。考虑到这一点，根据建构主义思想，对现有的虚拟世界作为学生中心的知识建构平台进行评估是很重要的。教育虚拟世界的研究者和设计者们并不把虚拟世界看作为一个将信息传递给学生的空间，学生在这个空间中更多的是通过与虚拟世界中的物件进行交互从而建构知识，物件包括人、陆地、世界本身以及建筑等。对在虚拟世界中建构知识来说，那些重要的设计元素几乎涵盖了表 7.1 中的所有类别。但是，暂时来说我们要把重点放在考量项目的一个特定子集中，从而判断这一现有的虚拟世界支持学习者知识建构的程度。几个支持知识建构的重要设计元素包括：虚拟世界对学习者进行知识建构的内在动机的激发程度，“设计的失调”（designed dissonance）到达了怎样的程度，虚拟世界支持学生发现问题的功能，以及虚拟世界为学习者解决问题提供了怎样的机会。

要在虚拟世界中成功进行知识建构的一个基本又关键的设计元素就是动

机。有效的教育虚拟世界的设计必须是这样的一种方式:它将有助于激发学习者从虚拟世界内开始进行知识建构的内在动机。在虚拟世界中培养内在动机是一件棘手的事。部分设计者主要着力于通过高品质的视觉效果或多媒体元素来支持这一点。使用这种做法的一个好例子就是蓝色火星(Blue Mars)虚拟世界中的火星废料场(图 7.1)。这个多玩家的科学探索虚拟世界在开发中使用了一款非常高端的游戏引擎 CryEngine 2(见 www.bluemars.com)。

图 7.1 火星废料厂(来自 Asbell-Clarke et al., 2011)

122 很多商业化的虚拟世界游戏都用到了这款引擎,包括被认为是高画质标准的非常流行的第一人称射击游戏"孤岛危机"(Crysis)。在蓝色火星的环境下,一组教育研究人员和专业游戏开发者建立了一个教育虚拟世界,可以允许学生在虚拟的废料场中进行考古挖掘(Asbell-Clarke, Edwards, Larsen, Rowe, Sylvan 和 Hewitt, 2011)。这个小组利用了游戏引擎的力量,提升了游戏的现实参与感,而这种现实感反过来也增强了学生的学习动机。

高画质的方式在火星废料场虚拟世界中起到了不错的效果,这与它融合了一个优秀的游戏设计也有关系。但如果缺少其他重要元素,仅仅是宏大的视觉效果并不足以维持长时间的动机。一个高度仿真并且视觉上吸引人的虚拟世界可以初步推动学习者去探索它,但在虚拟世界中比外观和感观更重要的是游戏的设计元素。对一般的游戏设计进行深度考察并不在本书的范围之内。但不管怎么样，一言以蔽之，在对现有的虚拟世界进行考量时，你要对故事情节、挑战、竞争等元素加以密切关注。在审查现有的虚拟世界时，问问自己那些虚拟世界中内嵌的游戏元素对其设计好的特定受众起到了多少的激励作用。如果你想更充分地探求一般游戏设计，我们高度赞成。在本章末尾，我们提供了一个有用的资源列表。

123

让我们再来看一下 Whyville，作为一个结合了生动有趣的游戏元素以支持知识建构的教育虚拟世界的例子。还记得我们在第一章中提到，Whyville 是一个 2D 的卡通外观虚拟世界，最初由加州大学洛杉矶分校的研究人员设计，现在是一个商业化的虚拟世界（见 www. whyville. net）。在我们撰写这一章的时候，Whyville 已经有大约 600 万用户。这些用户中的大多数是年龄介于 11 到 14 岁的女孩。从图像角度来看，Whyville 并不是最领先最出色的。Whyville 由一系列 2D 的卡通区域组成。玩家的角色，或称为化身，是由很简陋的卡通头部和没有下肢的躯干组成。尽管在视觉上很朴素，Whyville 却为很多玩家提供了高层次内在动机的支持。这种动机在某种程度上来自于大型的玩家共同体，玩家可以通过文本或语音聊天的方式进行交互。Whyville 中嵌入的许多休闲游戏也同样对内在动机具有支持作用。这些休闲游戏都是教育性质的，但它们被设计得非常好玩，以至于玩家可能感觉不到是在学习。当对现有的虚拟世界进行考量，或设计你自己的虚拟世界时，参与度和通过虚拟世界的游戏设置激发出来的内在动机，对学习来说都是至关重要的。如果教育虚拟世界非常无聊，或者看上去就好像家庭作业，那么学习几乎不可能发生。

另一种支持在虚拟世界中知识建构的方法，是将虚拟世界设计得能在学习者的头脑中形成一种“失调”（Jonassen，Peck 和 Wilson，1999）。其基本想法是创建一个虚拟世界，在其中的学习者能够意识到不对劲的地方，然后支撑他们找出来究竟是哪儿不对劲（问题识别和问题解决）。要想在虚拟世界中实现这一点，你可以通过创建课程或场景的方式，让学习者在进入虚拟世界后就被引入到这些问题中。学习者的目标、任务或使命就是与该世界及其所有元素进行交互，从而通过解决问题消除这种失调，并建构起与该问题背景下的主题和流程相关的知识。

有些虚拟世界只是简单地告诉学习者某一问题对世界的影响就让学生去解

决它，直接将问题抛给学习者而不是让学习者自己去识别它。例如，有许多虚拟世界，学习者一进入其中就会受到一个计算机角色的欢迎。这个角色可能会向学习者讲述关于该世界现状的故事，并且/或者为学习者设置能进一步引出问题的初级任务。有些虚拟世界可能包含了大量虚拟人物，每个人物都会为你引入一个新的子问题，这些子问题组成了虚拟空间中一个完整的大问题。另外，虚拟世界还可以以这样一种方式来设计：虚拟世界的设计本身为学习者引入这种失调。例如，假设一个虚拟世界中有一条河流穿过。在进入虚拟世界之后，学习者可能仅仅被告知该世界中存在着一些问题，并被要求去找出问题。通过在虚拟世界中的探索，学习者开始发现河里的水存在着问题。当他们调查河流上游时，他们看到大量的鱼在水里游来游去。然而，当他们向下游走的时候，发现越往下走鱼越少。当他们到达河口的时候，已经看不到鱼了。像这样的场景可以让学习者自己察觉到该世界中存在的失调。以这种方式引入失调显得更为微妙，让学习者自己发现问题是建构主义学习方法的重要方面。

124

不管是直接引入问题还是间接地让学习者自己找出问题，在虚拟世界中学习者都应该拥有发现问题的机会，并且能通过自己的行动解决问题。解决问题所采取的行动组成了虚拟世界中课程的学习任务，这些学习任务最终将引导知识的建构。

协作性

在第四章中我们讨论过将学习理论应用于虚拟世界，正如那章中提到的，玩家间的协作往往是基于社会建构主义课程和情境化课程的重要特征。在对现有虚拟世界的协作水平进行考量时，你需要对它支持学生与学生间交互、学生与专家或导师间交互的程度作出评估。虚拟世界中的协作也可以以一种学习者与电脑角色进行交流的形式进行。当对现有虚拟世界的协作性进行考量，或在你自己的虚拟世界课程中设计协作关系时，你需要对课程支持的协作种类加以重点留意。例如，课程支持的协作是否与学习目标直接相关？要求学生们完成的任务和活动是否需要彼此间的协作？学习者之间是否有相互指导和辅导的机会？虚拟世界或其内嵌的课程是否包含了能够鼓励学习者间进行相互协作的内在动机元素？回到我们假想的紧急救护虚拟世界，很容易发现内嵌的支持多玩家协作的工具是如何起到有利作用的。计算机角色可以作为事故受害者、医生、护士，以及其他救护人员，遍布于事故现场或急救室。这个虚拟世界的多玩家版本 *125* 还可以让玩家在诊断和治疗事故受害者过程中进行协作。

除了基本的协作，在玩家完成课程过程中，教育虚拟世界还可以支持多玩家间不同角色不同职责的协作。对这一方面进行考量时，你可以看看这门课程是否要求学习者团队中的每一位成员在协作过程中都扮演与他人不同的角色。如果是，学习者是自己选择在课程中要扮演的角色，还是由虚拟世界本身按照一定的规则对其进行分配？虚拟世界是否支持学生之间对角色和参与规则进行协商？

作为从技术角度对协作性进行评估的一部分，你也许想要检视一下在虚拟世界中为玩家间的协作和交流提供支持的工具的可用性和质量。例如，基本上所有的多玩家虚拟世界都支持玩家之间进行文字聊天。文字聊天工具通常允许玩家与一个、一群或全体队友聊天，或向虚拟世界中所有在附近的玩家们“喊话”。许多玩家虚拟世界还支持类似的语音聊天功能。

对有些以儿童为主要参与者的教育虚拟世界来说，评估聊天工具中存在着（如果有的话）怎样的家长控制和/或过滤器也很重要。比起小学教室或计算机实验室里的聊天，商业化虚拟世界的玩家可能采用一种更为“粗野”的聊天方式。教育虚拟世界以及针对儿童的虚拟世界可能需要对键入的语言进行过滤，以阻止粗言秽语。教师/家长/管理员控制在限制某个玩家的聊天对象上能起到一定作用。虚拟世界也可以有一个自我监督的政策，玩家们完成与聊天规则和行为规范相关的训练，通过监管其他玩家的聊天行为赚取积分。

真实性

在虚拟世界中嵌入学习的一个主要优势就是情境的真实性。在此，我们并不需要讨论虚拟世界外观和感观的真实程度。就像我们在讨论考量虚拟世界对情景化学习活动的支持程度时描述的那样，没有必要将虚拟世界设计成高度仿真的。相反，在对现有的虚拟世界进行考量或设计你自己的虚拟世界时，一个需要考虑的重要因素是，它给学习者提出了怎样真实的问题，提供了怎样真实的工具和活动以供学习者解决这些问题。在对嵌入虚拟世界中的问题的真实性进行

126 考量时，你可以看看这个问题的复杂度在何种程度上模拟了现实世界。例如，你看到的该虚拟世界中呈现的问题是否需要学生投入更高层次的思维？如果是，它将怎样完成？设计这样一个虚拟世界是真正的挑战——玩家需要经过仔细思考，并以一种体现高层次思维的方式来回应这些问题。一个优秀的教育虚拟世界，不应让学生仅仅通过随便点击一些东西就完成了课程。我们之前就说过虚拟世界常常被用来作为解决问题的空间，学生在其中通过努力，掌握复杂系统内部的结构和相互作用方式。虚拟世界由于其本身的特性，擅长于支持那些具有多重答案的复杂问题。使用虚拟世界或创建虚拟世界让学生去回答选择题或是非题是没有任何意义的。然后在考量一个虚拟世界时，你需要检视一下内嵌于虚拟世界中的问题的劣构程度和复杂程度，并且需要了解该虚拟世界是否还支持同样复杂的、多方面的解决方案。

让我们再次回到紧急救护虚拟世界这个例子中。在现实世界中，一个急救人员需要应对的问题是相当复杂的。在任何时候，都可能有数十个人员需要关照。谁先接受治疗、如何治疗、让谁等一等……这些都需要快速作出决定。还需要应付一些家人，他们可能酗酒或吸毒等。让学习者以现实的方法来处理复杂的、相互交织的问题，将是一种高质量的虚拟世界体验。相反地，如果一个虚拟世界的真实性相当低，那它可能只包括一个事故受害者，受的伤也很轻，伤者的态度很友好并且显得很镇定，还有大量时间让你来判断伤情，接着提供一个选择题，玩家只需选出最好的治疗方案就行。

除了对内嵌于虚拟世界中的问题的真实性进行考量外，另一个需要问的问题是："虚拟工具在处理这些问题时提供的功能具有多少真实性？"例如，学生要测量一条虚拟河流中水的成分，虚拟世界是否提供给他们可以这样做的工具？如果有，这些工具的效用具有多少真实性？如果功能真实性做得比较低端，学生可能仅点击一下屏幕上的某个按钮就能得到一组水样的成分列表。而在高端模式中，学生们可以有一个水样采集工具包。这个工具包可以让他们在沿河的任意区域采集水样。采集到水样后，学生们可以通过显微镜下的可交互视图对其进行观察，并可直接对水中游弋的各种细菌进行归类和统计。这个方案来源于前几章讨论过的虚拟世界"江城"。

最后一个要考虑的真实性问题，是关于虚拟世界中内嵌问题的解决方案的

127

复杂程度。在现实世界中,复杂的问题几乎没有简单、直接的解决方案。一个具有高度真实性的虚拟世界,将以支持复杂问题解决方案的方式来映射现实世界的复杂性。在我们假想的紧急救护虚拟世界中,我们描述了一个真实的问题,学习者需要应对多个受了不同程度伤害的事故受害者、他们的家人以及其他急救人员等。鉴于这一问题的复杂性,解决该问题的方案也应该是相对复杂的。比如在这个紧急救护虚拟世界中,提供给每位受害者的治疗,还有治疗受害者的顺序,以及最终的治疗结果不一定非要是"无瑕疵的"。有些事故受害者可能会死亡。也可能会作出一些错误的决定。虚拟世界应该允许这种复杂的真实性存在,以反映现实世界是如何运作的。

意向性

教育虚拟世界的设计应支持学习者的意向。仅仅开发一个虚拟世界,然后把学生丢进去,远不足以促成他们达到学习目标。每一个虚拟世界的设计都应该包含课程、任务以及交互,以使学习者们清楚、自愿地去追求明确的目标。从本质上来说,这是一个将虚拟世界及内嵌于其中的活动与学习的最终目标进行匹配的问题,要求学习者在完成目标过程中作出深思熟虑的选择。

对学习者的意向性的支持包含了我们在考量表中提到的几个方面。例如,我们假想的紧急救护世界,将学习情境化于一个充满受害者、旁观者和警察等角色的仿真事故现场或救护室,来支持学习者的意向性。这个虚拟世界要求学习者在多样化且相互交织的情况面前,不断作出关于如何照料受害者的选择。它还提供功能真实的数字化工具让学生用来完成任务。此外,教育虚拟世界还可以用这样一种方式来支持学习者的意向性:向学习者提供工具,以便(或要求)他们解释或维护他们所持续的活动和选择,并描述这些工具和虚拟世界的学习目标有何关系。这类工具包括简单的电子笔记本、图形化工具和绘图工具、信息组织者、概念图等。如果可能的话,这些工具还应该被情境化于虚拟世界的故事情节中,它们的作用和内嵌于虚拟世界的核心活动在合理性上是一致的。例如,在我们假设的紧急救护世界中,学习者可能需要就他们的选择向医生或受害者家属作出解释,他们可能需要在一份报告中记录诊断结果或直接进行治疗。每个任务都需要一种思维的意向性:在行动过程中暂停一下,思考到目前为止已经做了些什么，这些行动和选择有什么意义，以及它们是怎样得来的。

128

结论

对迅速建立起关于他人创建好的虚拟世界的优点和弱点的理解来说，分析现有的虚拟世界是一种很好的方式，并且也是让你收集一些在设计自己的虚拟世界时可能会用到的关于活动和特色的想法的一个很好的途径。我们在此提到的框架提供了一个可靠的多元理论方法，可以从虚拟世界支持学习和参与的潜力方面对现有的虚拟世界进行一个彻底的考量。阅读这样一个考量虚拟世界的框架是一个良好的开始，但真正建构专业知识的最佳途径是自己进行评论。在继续之前，花一点时间选择一个现有的虚拟世界，用我们在此提供的框架或你自己的框架对它进行一次考量。在本书的后面，你将学习到如何为虚拟世界创建一个课程设计档案。在你创建这个档案时，同时对你规划中的虚拟世界进行一次考量，尤其留意一下你的虚拟世界中到底包含了这个框架中提到的多少元素。

测试你的理解

1. 这个评价框架重点关注了情境下的活动。这是什么意思？非情境下的学习活动又是怎么样的？

2. 考虑一下学习类虚拟世界中学习者之间的协作。协作的主要好处是什么？将协作作为核心组成部分的虚拟世界可能有怎样的缺点？

3. 对一个教育虚拟世界来说，真实性是否一直是一件好事？如果一个虚拟世界包含了高度真实的活动、工具和相关设置，做一个两栏的列表，列出这样做的正面效果和负面效果。

学习活动

1. 选择一个现有的教育虚拟世界或商业化虚拟世界。用表 7.1 中的量规对其进行评估。

2. 借鉴表7.1,编写大纲来描述一个虚拟世界和它所包含的被赋予了特定学习目标的活动。在你自己进行设计时,你会采用量规中的哪些部分?哪些不会采用?为什么?

参考文献

Asbell-Clarke, J., Edwards, T., Larsen, J., Rowe, E., Sylvan, E., & Hewitt, J. (2011). *Collaborative Scientific Inquiry in Arcadia: An MMO gaming environment on Blue Mars*. Paper presented at the American Educational Research Association conference, Denver.

Jonassen, D. H., Peck, K. L., & Wilson, B. G. (1999). *Learning with Technology: a constructivist perspective*. Columbus, OH: Merrill Prentice Hall.

链接

Whyville项目是一个不靠高画质就吸引玩家参与的虚拟世界的很好例子,见www.whyville.net。

蓝色火星(Blue Mars)项目,以其名为火星废料场(Martian Boneyards)的虚拟世界,展现了一个以高画质取胜的优秀案例,见www.bluemars.com。

写完这章后,我们发现真的已经有一个提供紧急救护训练的虚拟世界。你可以在以下地址看到演示,http://www.trainingfordisaster management.com。

美国犹他州州立大学的一个小组创建了一个名为H.E.A.T.(Hazard Emergency & Accident Training)的虚拟世界课程,用于教授在应对火情时如何及时作出第一反应,见http://imrc.usu.edu/heat.php。

其他资源

在这里我们并不讨论一般游戏设计,但作为对将虚拟世界应用于学习感兴趣的教育者、设计者或研究者，在这个领域建立起相关知识基础也是个不错的主意。在此推荐几本关于游戏设计的不错的书籍：

Schell，J.（2008）. *The Art of Game Design：a book of lenses*. Burlington，MA：Elsevier，Inc.

Fullerton，T.（2004）. *Game Design Workshop*. San Francisco，CA：CMP Books.

Koster，R.（2004）. *A Theory of Fun for Game Design*. Phoenix，AZ：Paraglyph Press.

第八章　设计虚拟世界中的课程

130

简介

有了足够的理论准备，足够的考量虚拟世界的框架以及有关机制的所有细节。现在是时候开始设计虚拟世界中的课程了。在本章中，我们将通过包含多个步骤的设计过程，创建虚拟世界中应用的课程。这个过程将围绕创建课程设计文档来展开。该课程设计文档包括两个主要部分：课程概述和设计细节。课程概述为你的受众（自己的设计/开发团队或者客户）提供有关课程目标、受众、环境和故事的生动描述。设计细节部分有助于详细说明特定课程的细节，能够提交给开发团队并用于虚拟世界的实际开发。

阅读本章时，你可能会注意到，为虚拟世界设计课程，目标和过程与针对面对面的授课或培训创建的课程没有太大区别。主要的区别是，如何描述课程单元中将会发生什么以及课程活动背后的思考过程。到目前为止，你已经具备了良好的基础，知道选择什么类型的学习/培训目标在虚拟世界中是有效的，哪种类型的课程能够实现这些目标，这些课程包括哪些类型的活动，在虚拟空间中你可以运用一系列已有的机制来表现这些活动，而且能够更好地理解如何评估受众在使用虚拟世界时是否已经习得你希望他们掌握的内容。既然如此，让我们一起开始创建课程设计文档。

虚拟世界课程设计文档

131

开始设计虚拟世界课程时，在课程设计文档中仔细列出你的想法以确保你的目标适合虚拟世界，并确保制作成功课程单元所需的主要部分都已就位，花费一些时间完成这些是非常有益的。根据我们的经验，我们发现一些教师、培训师和设计者跳过该步骤直接进入开发阶段，当开发的虚拟世界广泛应用后，结果却发现其实他们的课程在虚拟世界中并不是很有效。通过详细的设计文档以书面的方式为基于虚拟世界的课程进行头脑风暴、修改、扩展，或者摒弃想法，比开始建造后重建虚拟世界的数字组件容易得多。

从设计文档着手是有趣且相对轻松的过程。重点是将想法写在纸上，并与创作团队（学科专家、教学设计师、虚拟世界程序员、建模师、撰稿人等）分享，如果已经有了客户的话，还要与客户分享。在为教育虚拟世界撰写课程设计文档时，你可以使用一些经常出现在这类文档中的标准元素。为了便于讨论，我们将运用 Alessi 和 Trollip(2001)在多媒体设计书籍中建议的一些常识性分类。其中包括：教学问题的叙述、提议的课程解决方案、开发虚拟世界课程的理由（相对于其他一些平台）、受众与环境的描述、一个或多个清晰描述的学习目标、说明如何评估既定目标的学业成就、课程"事件"大纲、课程组织结构流程图、用于演示发生在虚拟世界中的事件的视觉快照故事板、设计与开发课程的时间预估、将课程转置为实际的虚拟世界所花的成本及所需的人员。

为了便于讨论，我们将从已有的课程设计文档中引入一些修改后的片段，这个课程设计文档是我们为一个虚拟世界所撰写的，该虚拟世界是 SAVE Science 研究项目的一部分，另外还会包含一些在原始设计文档中没有的新近制作的材料。在第一章我们已经介绍了该项目，但需要提醒的是，SAVE Science 将学生置于一系列基于虚拟世界的评估模块中。该项目的目标是让学生完成课堂学习内容领域相关科学知识的评估（基本上是测试）。该项目希望将评估措施与活动细致地嵌入虚拟世界中，对于学生在课堂中所学知识的真正理解情况，与较传统的基于纸质的测试评定相比，能够取得更有趣、更有用的信息（Nelson，Ketelhut 和 Schifrer，2010）。

132 为 SAVE Science 创建的模块之一名为"Weather Trouble"，在 Weather Trouble 中，SAVE Science 团队设计该模块用以评估学生记住并运用与天气相关的概念的情况，例如气压、风力、温度和湿度（图 8.1）。Weather Trouble 故事的目标是指出持续干旱背后的原因，并预测旱情是否即将结束，以及为什么会这样。

第一部分：概要设计

教学/培训问题

你可以通过为虚拟世界“设置场景”开始你的课程文档。设计的课程是为了解决需求或问题。你希望解决什么问题？由于涉及你的具体需求，为了回答这个问题，你应该描述事务的当前状态。描述教学问题的方式部分取决于设计文档的目标受众。将语调、形式和细节水平与目标受众完全匹配。这里，我们不是讨论使用该课程的学习者，而是那些需要理解你的设计的人。那些适用于一组同事协同工作来设计他们自己学校课堂中使用的课程内容，或许对于期望为新员工创建培训课程的公司顾客不适用，或许对于试图决定提供部分资金资助你的想法的政府机构也不适用。在任何情况下，你设计的文档应提供足够详细的说明，使不熟悉该项目的人能够理解并管理其创建过程。

133

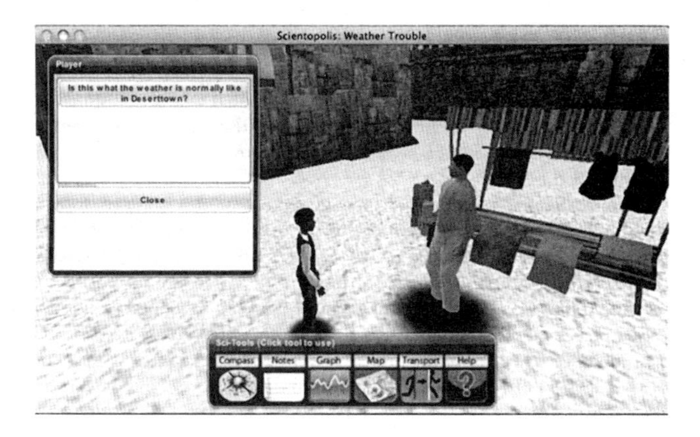

图 8.1　**Weather Trouble**

无论你的设计文档的目标受众是谁，教学问题叙述应该详细描述与问题相关事务的当前状态，并且解释事务的当前状态不能继续的原因。你可能还需要解释事情如何演化为当前状态及其原因。同样，你的判断力和目标受众的知识决定你需要提供多少细节及其(学习的)正式程度。

嵌入虚拟世界的课程单元的教学问题描述可能聚焦于学习者在某些内容领

域理解和运用知识的清晰的需求，其经常通过一组特定的流程来实现。基于虚拟世界的课程问题描述，通常概述了现有的学习方法，指明其优缺点，并强调需要更具说服力、更可信的方法来教授该主题。

Weather Trouble 例子

> 在 Weather Trouble 课程例子中，设计文档是为内部设计者与开发团队使用而编写的。因此，设计文档没必要过分关注于使用基于虚拟世界课程的理念进行团队营销。相反，Weather Trouble 教学问题陈述的主要目标是制订团队希望解决的问题的“大局”理念，以及有关基于虚拟世界评估模块如何解决问题的一些基本想法。这是 Weather Trouble 中教学问题叙述的粗略版本：
>
> X 学区的中学生用六周的时间研究导致天气变化的自然现象。其中包括温度、气压、降水、空气团、温度等。学校层面教学后实施的单元多项选择测试，以及区级总结性评估测试，可以测量学生对这些现象的理解。目前的评估侧重于文字定义识别和基本接受性知识方面，而不是对所学概念与知识的掌握与运用。此外，通过已有测评方法中所得到的数据，教师无法洞察学生对评估内容的思考，并且很难指明课堂中未来的研究领域及改善学生未来学习状况的教学方法。

134

解决方案

在阐明教学问题后，设计文档应该清晰、简明地陈述如何解决所提的问题。这并不需要过于冗长、详尽的解释。相反，它是教学问题叙述的最后“结果”。在设计文档后面，你将需提供建议方案所包含的明细。

Weather Trouble 例子

> 为解决这个问题，我们提议开发一个名为“Weather Trouble”的虚拟世界评估模块。在 45 分钟的评估模块中，学生通过完成课内相关课程，展示和运用气候现象知识，来揭示虚拟中世纪城市的干旱期延长的影响因素，预测天气是否会发生变化，并为假设提供证据。

为课程辩护

根据设计文档的目标受众，或许你需要为问题的解决方案提供正当理由。如果每个人都认同制作基于虚拟世界课程的观点，并且团队已经了解需要围绕特定主题创建特定类型的课程，也许你可以跳过这部分。另外，课程设计文档部分为你提供了展示的机会，来展示与用于学习的虚拟世界的价值相关的理论与设计技能，并有机会向不认同其学习效用的人们推荐虚拟世界课程的概念。而且，即使你不需要说服任何人，这仍是一个好方法，能使你和团队确保理解并清晰表达创建虚拟世界的理由。撰写课程设计文档的这部分内容能够很好地使你以及其他一起工作的同事考量现实状况。在为虚拟世界开发投入大量时间和资金前，你必须确保脑海中的课程有价值，而且与其他平台相比，虚拟世界对所描述的教学问题来讲是最好的解决方案。

135

如何做到呢？利用本书中有关机制、理论、世界评量和评估等章节的知识。着眼于你自己的教学问题，与其他课程形式相比，分析为什么基于虚拟世界的课程提供的平台对学习更有用、更有意义、更强大。创建所计划的课程的理论性、实践性、经济性和激励性的好处是什么？根据我们第七章描述的世界评量框架，你计划的课程能否取得高分？你的目标受众在虚拟世界中的学习是否会更加深入？他们会更积极地参与虚拟世界吗？虚拟世界课程是否比其他课程形式更容易扩展？为什么？成本如何？你有足够的资金创建虚拟世界吗？仔细权衡设计虚拟世界的利与弊，并且在课程设计文档部分呈现你的调查结果。

Weather Trouble 例子

> 对于 Weather Trouble 模块，团队在理论的指导下探讨了情境学习在仿照现实世界的真实境脉中的好处：
>
> 我们相信，在现实场景中情境化地评估与天气相关的概念，相对传统测试方式，能够为学生提供更有意义的方式来展示对课堂所学材料的理解。Weather Trouble 不仅要求学生理解课堂讲授的材料，而且能够展现运用知识解决复杂、真实气候问题（了解持续干旱和预测即将发生的天气变化的背后原因）的能力。

136

目标受众和教学环境

在课程设计文档中，你应该仔细描述课程的目标受众，并充分阐明实施环境。正如你所知，课程与评估设计决策因目标受众不同而变化很大。例如，即使课程涵盖的材料完全相同，为中学生设计虚拟世界课程与为本科生设计完全不同。因此，你应该仔细考虑课程的目标受众。详细说明他们的年龄范围、性别构成、对计划教授内容熟悉程度（所表征）的起点水平、语言水平以及基本技术熟悉程度。你或许也希望搞清楚他们对计算机游戏尤其是虚拟世界游戏的态度和经验。当你考虑这些问题的时候，最好能够涉及负责课程实施的教师、讲师、培训师或其他主持人的全部信息。他们使用虚拟世界课程的经验、态度和动机影响课程的实施，也肯定影响你的设计方法。

全面考虑课程预期的实施环境同样重要。在第十一章，我们将介绍真正实施教育虚拟世界时需要考虑和处理的许多因素。不过，这里我们关注的是总体状况，在什么地方及哪种情况下使用虚拟世界。例如，你的虚拟世界课程会在公立学校教室中使用吗？它可以作为自愿在线学习课程吗？虚拟世界中的表现会被评分吗？伴随课程会有某种形式的测试吗，或能否对虚拟世界中的表现实现自动评估？无论环境如何，你都要考虑和描述在该环境中实施虚拟世界的好处与潜在的挑战。

Weather Trouble 例子

对于 Weather Trouble 模块来说，设计团队知道该模块将被部署在美国一个大型城市的公立学区及临近郊区学区的七年级中。而且该模块将与课堂中气候课程的讲授同时进行。

Weather Trouble 模块的目标受众包括大型城市学区以及临近郊区学区的七年级学生。这些学生具有多元的种族背景，且男女比例相当。已有研究发现，在教室中所有参与的学生，几乎都有玩游戏机（Wii，Xbox，PlayStation）或计算机视频游戏的经验。而且其中有相当数量学生的第一语言不是英语。

137

所设计的 Weather Trouble 评估课程将与我们预期部署该课程的特定州的科学标准相匹配，并与州级标准化科学评估的几个特定问题一致。（设计文档中包含这些问题，只是在这里不予考虑。）在完成天气和天气系统的相关课程后，就实施该模块。在相同材料的传统课内测试前，学生完成 Weather Trouble 模块。在 Sheep Trouble 模块中，不会根据学生的表现对参与的学生进行评分。相反，该模块中他们的表现数据将与课堂内测试的相关问题的分数及州标准测试的分数相比较。虚拟世界模块中学生的行为信息将提供给参与教师。

学习目标

撰写课程设计文档时，你应该清楚地描述课程的整体学习目标，并指出学习者通过学习该课程是否/何时达成这些目标。在开始创建虚拟世界这项挑战性工作前，你和团队成员应该非常清楚课程的整体学习目标。创建虚拟世界并不容易，而且在虚拟世界中创建高效课程更具有挑战性。正如我们描述的，创建课程设计文档时，首要动机是为了明确你是否真的需要创建虚拟世界。撰写表述教学问题及建议解决方案，有助于澄清你是否有创建虚拟世界的强有力理由。目标受众及环境分析将进一步支撑你的理由。但是在某种程度上，学习目标是能否通过的最后障碍。你必须用几句话清晰地解释你的目标以及如何测量。如果不能做到这一点，不要创建虚拟世界。取而代之的是，重新开始，思考你的目标究竟是什么。只有目标明确、可测量、适合虚拟世界时，才应该开始设计。根据我们的经验，阐明一个好的目标是相对容易的。但是解释如何测量以确定目标实现与否通常是相当困难的。

138

Weather Trouble 例子

Weather Trouble 的学习目标很难阐述，因为虚拟世界不是为学习课程而设计的，而是作为一种情境测试，测试学生能够展示在课堂上学习气候课程单元的情况。考虑到这点，该学习目标阐述如下：

学生通过完成 Weather Trouble 模块，能够展示课堂上呈现的与天气相关的内容和过程的掌握程度。虚拟世界中的学生行为，与内嵌的数据收集和分析工具的交互，与虚拟世界中角色的对话，以及对模块中所提问题的回答，对所有这些方面的集成分析可以测量学习表现。

描述虚拟世界

设计文档,应该包含对虚拟世界作为"处方"的总体描述。基本上,简短概述虚拟世界是什么,课程是什么样的,以及用户需要花费多长时间完成你所设计的任何内容。你可以将其视为"两分钟的电梯演讲",向不知道虚拟世界是什么的人解释你的虚拟世界。聚焦于外观和感觉,故事情节和时间表上。你的虚拟世界是否会设定在某个特定的时期,如中世纪?你的虚拟世界是什么样子的?它是一个对现实世界场所严肃而真实的模拟,还是想象世界中的奇幻探索?学习者扮演的是现实世界中的角色还是神话角色?他们将完成一个独立的大任务还是通过一系列任务实现终极目标?在虚拟世界中,学习者将花费 30 分钟还是 300 小时?学习者在虚拟世界中独自学习,还是与其他学习者一起学习?

此外,你的描述不应过于冗长,并不需要包含深层次的细节。这些将在后面的文档中呈现。此时此刻,你要描绘虚拟世界的蓝图。

139 Weather Trouble 例子

Weather Trouble 将是一个设定在中世纪神秘小镇中的单一学习者虚拟世界。学习者正遭受持续炎热、干燥的天气。作为来自现代的时间旅行者,城镇领导要求学习者运用现代科学知识和技能,帮助揭示导致长期干旱的原因,并预测天气是否会很快变化,并解释为什么会这样。学习者将有 30 分钟的时间进行调查并向城镇领导汇报。虽然城镇的外观及其感觉是卡通的,但是比较真实。学习者可以与城镇中居住的居民(基于计算机的)对话。学习者可以使用工具箱中的工具测量虚拟世界中与气候相关的事物。此外,城镇本身包含一些嵌入式的工具与对象,如温度计、风向标、指南针,学习者可以与它们互动来协助调查。对学生使用这些仪器、工具的情况以及内嵌角色的分析,可以为学生的学习情况提供证据。

测试你的理解

1. 创建课程设计文档的主要目的是什么?为谁创建课程设计文档?

2. 既然已经学习了虚拟世界的机制及推动其设计与使用的理论,那么请举一个嵌入虚拟世界却无法很好地实现课程目标的例子。

第二部分：详细设计

在课程设计文档的第二部分，就要关注细节了。文档的第一部分围绕教学问题、解决方案、教学目标、目标受众、环境，以及课程故事进行概述，第二部分应该提供与课程相关的组织、结构、开发时间表、（有时）预算/人事问题的“详细的细节”。

对于将要讨论的部分，我们将继续使用 Weather Trouble 模块这个例子，说明如何创建文档元素。但是并不包括文档本身的实际片段。如果包括实际片段，本章篇幅将增加 50 页，且不会有助于我们的讨论。

140

内容组织（流程图）

对于设计文档的详细设计部分，应该创建展示整体课程组织的流程图，以及课程整体结构中的探索及任务的细节。与程序性和/或展示性课程的组织流程图相比，虚拟世界课程的流程图更为复杂。正如我们前几章讨论的，虚拟世界中的课程通常注重开放式探究与发现。因此，课程通常是非线性或非层次的。那么，如何描述该类活动的流程图呢？

一种方法是聚焦课程整体组织结构，从高层次流程图开始。这种类型的流程图展示了虚拟世界总体故事情节的结构，以及课程中发生的所有任务的主要结构。然后，除了高层次流程图，你还可以创建一系列“子流程图”，每个流程图概述了总体虚拟世界结构中个别任务的组织结构。在这个脉络下，继续创建更高层次的子流程图展示世界中嵌套级别的课程活动组织，直至包括全部课程。

虽然创建流程图展示课程中包含的 GUI 元素更具挑战性，但它同样非常重要。记得我们曾讨论过虚拟世界机制，世界中的活动通常会伴随覆盖世界的 GUI 工具发生。

Weather Trouble 例子

> Weather Trouble 围绕单一主任务（指明持续干旱是否会继续，为什么会或为什么不会）。在主任务的结构伞中，学习者需要逐步完成一些任务或小任务，以便完成主任务。例如，学习者与虚拟世界中的 NPCs 谈话，了解当地居民对旱情的看法。他们需要查阅新近及以往的城镇报纸，以查看当

141

地往日的气候状况。他们可以观看显示城镇不同气候的标有日期的绘画，并且检查城镇的温度及风向。他们可以到附近城镇，检验那里的气候条件，并且将这些内容记录在电子笔记本中，等等。为完成这项评估，学生可以决定在任何时间找到城镇领导（当学生抵达世界时，NPCs 首先迎接他们），向其汇报他们的发现，并回答问题。

Weather Trouble 世界的流程图能够展示所有元素，并提供其工作的组织细节。更实际地，设计团队中的成员（通常是教学设计人员或团队领导者）使用流程图软件例如 Microsoft Visio（见 http://office. microsoft. com/en-us/visio）或 SmartDraw（见 www. smartdraw. com）创建一系列相互链接的流程图。也有许多优秀的开源工具具有同样功能，例如，Xmind（见 www. xmind. net）。互相链接的流程图能够使设计与开发团队不仅看到课程的整体结构，而且还能够对虚拟世界中实施的个别任务或子任务进行放大，将其结构可视化。

内容描述

除流程图外，课程设计文档应该针对流程图各组成部分，包含虚拟世界内容和故事的描述。这样你就可以更详尽地了解学习者在虚拟世界中从开始到结束的体验。基于虚拟世界的复杂性，这项说明可以简单，也可以非常复杂。努力并详尽地描述故事情节，以使设计/开发团队成员了解课程中将会发生什么。确保团队成员理解并赞同虚拟世界和课程中的要点是至关重要的。

描述中也许会包括一些共同元素，如序幕、探索/任务说明、规则、奖励及结论/总结。

序幕：世界入口及问候

学习者如何进入虚拟世界，以及进入后会收到何种问候？故事如何开始？学习者只是简单地出现在虚拟世界中，还是通过某种形式的介绍被引导到该世界以及世界的故事中？以视频、游戏片段，甚至简单的文本故事大纲开始你的课程，将虚拟世界中的故事介绍给学习者，这往往是一个不错的主意。这有助于学习者适应世界、目标及其在游戏中的角色。世界与故事的导入介绍对于即将在学校或公司环境中部署的虚拟世界非常重要，因为与非正式环境中的课程相比，

142

留给学生完成嵌入虚拟世界中的课程的时间是相当有限的。

Weather Trouble 例子

在 Weather Trouble 中，学习者通过标准登录屏幕进入系统，然后选择角色性别（男或女）。学生可以改变自己角色的外貌，包括肤色、衣服、头发，并从下拉框中选择角色名字。学习者选择并自定义虚拟化身后，描述虚拟世界故事的简短文本框会告诉学习者 Weather Trouble 的故事，并向学习者提出帮助请求（图 8.2）。故事大纲中提道，“农夫布朗”需要他们的帮助。当学习者进入虚拟世界时就会遇到农夫布朗，他是一名 NPC，将给学习者布置主要任务。

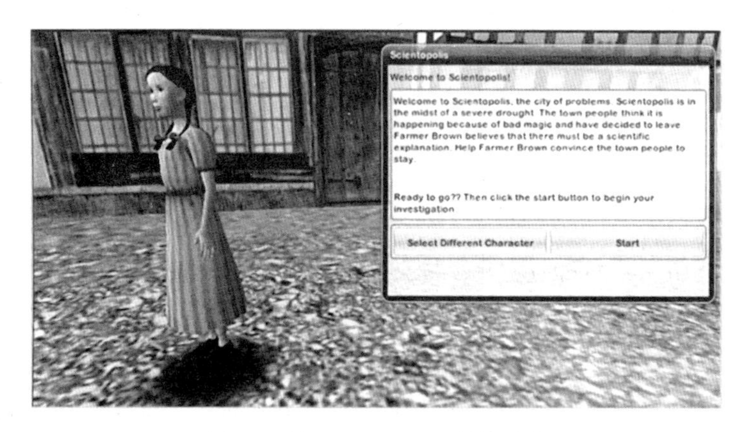

图 8.2　Weather Trouble 故事大纲

探索/任务说明

143

内容描述的主体部分很可能集中在详细的探索说明上。如果创建流程图集合展示世界的组织结构，则每项探索都将在自身的流程图中得以描绘。你对每项探索的说明可以按照探索的流程图结构，包括类似整体组织结构的分类：探索序幕/介绍、探索任务描述、探索规则和奖励，以及探索结论。每项探索都将给予学习者要完成的具体任务、完成任务的清晰规则与机制，以及完成探索或任务后的具体反馈。

规则和奖励

在设计和描述构成给定虚拟世界课程的任务时，描述完成每项任务的规则，以及决定是否包含完成每项任务(或失败尝试)后给予奖励,这些是相当重要的。规则,连同虚拟世界中如何能够(和/或应当)完成任务的结构,是探索的目标。实际上,课程任务规则的描述结果是叙述一系列探索“故事”。这些故事应与创建的任意流程图中的任务结构相匹配,并为流程图中的活动提供可读的指南。在课程设计文档中,虚拟世界探索任务的规则描述也为故事板或原型提供了对应的文本。

除了课程中规定的任务规则,你或许会选择,或需要描述一个奖励机制。大部分商业虚拟世界游戏包含完成任务的奖励。奖励是行为课程中的基本工具:正确地执行指定行为后,得到某种形式的奖励来正面强化。传统教学软件中的奖励非常简单,例如像“干得好!”的反馈信息和/或一些奖励分数。在虚拟世界中,奖励可以同样简单,也可以非常非常复杂。全面讨论虚拟世界中各种形式的奖励机制超越了我们的讨论范围。但是,简言之,虚拟世界中可能考虑使用的几种奖励形式包括:分数、奖牌、“钱”、库存项目以及“有趣的东西”。分数、钱和奖牌是最直接的:完成某项任务,获得一定分数、现金或奖牌。你可以定义完成特定任务的成功级别,然后根据成功完成任务的级别,调整分数或奖牌级别(金、银、铜)。奖励可以是独立的,也可作为学习者购买特定物品(武器、工具、化身定制项目等)的游戏币。分数/钱/奖章也可使学习者升级:在虚拟世界中给予他们额外的权利,或简单确定他们已经达到了一定专业水平。

144

库存条目通常作为成功完成任务的奖励。在教育虚拟世界中,学习者经常使用这些库存条目支持完成课程中的后续任务。最后,完成任务的奖励可能完全由“有趣的东西”构成,用户可在探索虚拟世界时使用这些东西。也可能由其他项目构成,包括自定义化身元素、特殊的交通工具,或有助于学习者参与但与游戏目标无关的其他对象。例如,在教育虚拟世界 Whyville 中,若学习者完成活动即可获得虚拟钱币。可以使用这些钱币购买衣服和其他装饰品,应用到学习者的虚拟化身中,从而个性化其化身外观。

故事板

除了内容描述与流程图,团队可能希望创建一系列故事板,以便展示课程中关键元素的外观和感觉。这些故事板并不需要成为难以置信的专业艺术作品。相反,创建故事板的目标是使团队能够以较低的成本快速讨论课程的视觉创意。

正如内容介绍的，故事板的关键不是要预先将所计划课程的每一个时刻可视化，而是在为课程或设计作出早期决策时，为设计/开发团队提供可视化反馈。Celtx（见 www. celtx. com/index. html）是一款开源的故事板创建工具（实际上有很多），它席卷了整个媒体制作世界。这个工具非常容易学习，甚至无需绘画，使用任何一款数码相机均可制作故事板。

制作故事板的另一种方法是绘制虚拟世界 2D 地图，显示对象、建筑物和角色的具体位置。创建关于世界、建筑物和其他固定对象的更具交互性的 2D 地图，然后将这张地图作为试演课程概念的一个舞台。团队成员可以在虚拟世界的模型版本中移动角色与对象，并预演整门课程。当进入虚拟世界开发阶段时，仍可使用该版本，向开发团队直接传达和交流想法。

随着现代虚拟世界开发工具的发展，有时可以快速模拟虚拟世界中的场景，然后在设计文档中包括这些场景的快照。这种方法比较复杂，或许你的团队试图超越基本的柱状图级别的视觉效果，通过虚拟世界写作工具，直接创建完全成熟的 3D 模型、景观和屏幕元素。

Weather Trouble 例子

145

Weather Trouble 是基于已经创建并经过相关评价使用的世界创建的。因此，当我们在本章讨论开发虚拟世界时，设计团队可以走一些捷径。不需要制作纸质故事板，而是课程团队与开发团队紧密合作，使用已有虚拟世界中的元素迅速模拟形成虚拟世界的实体模型。设计与开发团队对虚拟世界的外观和感觉，以及主要的、仅有的探索中所计划的交互，进行几轮快速审查与修订。

预估开发时间表、人事及预算

现在，你可能意识到设计基于虚拟世界的课程是一项大工程。老实说，它并不比创建包含相同概念及任务的其他课程更复杂。然而，当你为虚拟世界创建课程设计文档时，你需谨慎考虑创建该课程需要花费的时间及资源。虚拟世界能否精确地反映课程设计，与你拥有的时间、人力及资金密切相关。你也许描述了一个与虚拟世界完美结合的优秀课程，只是意识到设计该课程需要花费一年的时间,并且需要一小群开发者。在用于学习的虚拟世界设计实践中,你通常需要根据可以支配的人力、时间及财力资源,在课程宏伟目标的范围及规模上作些折中。

因此,当把课程设计文档组织到一起时,你需要包含详尽的开发时间表与预算。你的预估时间表应该基于以下多种因素:所设计的课程的范围;可用的开发人员,他们的技能水平,以及他们可为项目工作的时间;可用的软硬件资源,或购买这些东西的资金。

Weather Trouble 示例

Weather Trouble 作为一系列相关世界的其中一个,并没有自己独立的开发预算。设计与开发团队的大部分成员是大学生,作为研究助理领取报酬。该模块的开发时间确定为 30 天。这是一个非常快速的开发计划。正如我们提到的,Weather Trouble 是一系列相关虚拟世界的其中一个。这些虚拟世界共享共同的外观和感觉,共同的对象,共同的代码,等等。因此,预估的开发时间线是相当短的。30 天的时间产生虚拟世界的第一个 alpha 版本。然后,将虚拟世界移交给团队进行一轮测试。在关于开发的章节中,我们将深入讨论这个过程。

146

结论

正如你看到的,创建虚拟世界的课程设计过程与其他形式的学习课程的设计有许多共同部分:学习目标、受众及环境信息、评估计划等。虚拟世界,也包括流程图、探索说明、故事板/原型例子、时间线和预算。

我们这里的讨论,已经包括了设计虚拟世界课程时所要考虑的全部要素。然而,在设计实践中,你可能跳过一些元素。例如,你可能没有可供考虑的预算。你可能会放弃故事板,而仅仅通过文本介绍课程。关键是要确保你已经思考了许多相关细节,尽量避免开发阶段出现任何问题。

本章,我们独立于开发过程呈现了课程设计过程,但是,在实践过程中,设计与开发团队的工作往往是同步进行的。这样做有助于避免出现设计理念与虚拟世界功能不相匹配的问题。在接下来的虚拟世界开发章节中将进一步讨论。

测试你的理解

除了故事板,你如何描述/展示虚拟世界的外观和感觉?与其他方法相比,在描述与展示虚拟世界细节方面,创建故事板的优势与缺点是什么?

学习活动

根据实际环境中的课程设计参数(受众、环境、范围等),撰写严格界定的、具体的学习目标,并为在虚拟世界中实现该目标的课程单元创建完整的设计文档。

参考文献

147

Alessi, S. & Trollip, S. (2001). *Multimedia for Learning: Methods and development*, 3rd Edition. Needham, MA: Allyn & Bacon.

Nelson, B., Ketelhut, D. J., & Schifter, C. (2010). Exploring cognitive load in immersive educational games: The SAVE Science Project. *International Journal for Gaming and Computer Mediated Simulations 2(1)*, 31 - 39.

链接

Celtx 是开源故事板创作工具(实际上另外还有很多),已经席卷了媒体制作行业,见 www. celtx. com/index. html。

SmartDraw:很好,是价格相对低廉的流程图制作软件,见 www. smartdraw. com。

Visio:很好,但价格昂贵的流程图制作软件包,见 htrp://office. microsoft. com/en-us/visio。

Xmind 是一款优秀的开源流程图创作软件，见 www. Xmind. net。

其他资源

虚拟世界学习应用研究特别兴趣组（ARVEL）对虚拟环境的应用研究。该团队与美国教育研究协会相关联，有一群非常活跃的为学习设计虚拟世界的成员。他们的网站收集了大量课程设计、创建虚拟世界及其运行实现的技巧。见 http://arvelsig. ning. com。

第九章　为虚拟世界中的评价作测量设计

148

简介

在第六章，我们全面综述了虚拟世界中测量和评价的概念。如果你对这些概念不熟悉，或者需要快速地回想一下，请在开始这章之前再读一遍第六章。在这章中将会有一些概念上的重合，仅仅是作为连接理论和实践的桥梁，阅读前面的章节还是非常必要的。这章包括了使用虚拟世界或在虚拟世界中评估、评价、测量学习的设计语用学(design pragmatics)，还包括对虚拟世界中采用和改编已有测量工具的简单介绍。

设计用于评估的虚拟世界

正如我们已经讲过的，为了确保虚拟世界中的学习按照你期望的方式发生，必须采用某种方式评估学习者的学习结果。还记得我们之前讨论过的评估、评价和测量之间的联系吗？在这种情况下，当你有评估一种或多种学习结果的具体意图而设计或获取虚拟世界时，在你的设计过程开始时必须提出几个问题。将要评估什么，为什么评估？为了进行这些评估，应该评价些什么，如何评价？为了作出适当的评价判断，必须测量什么，如何测量？在这一节，我们将会依次说明这些问题，接下来的两个小节将分别进一步讨论评价和测量。

149

评估

在你的虚拟世界中或用你的虚拟世界将要评估什么，以及为什么要评估？根据本书的题目，可以假设学习是一种(或多种)将要被评估的结果，并且也许虚拟世界的某一方面或更多方面也将要被评估。在选出用于完成评估过程而必需的评价技术和测量工具之前，你至少应该就每一个你想评估的不同方面问自己两个问题：什么（哪一个）和为什么？让我们以学习和虚拟世界为出发点来思考这些问题。

要去测量学习的哪个（些）方面，为什么？或者，从另一个角度着手这个问题，你是如何概念化“学习”的？在你打算评估的情境下，学习者通过虚拟世界中的行为要做些什么或是展示什么，通过问题或与虚拟世界相联系的行为来证明他们已经学会了构念 X、Y 和 Z？或是，学习者必须在哪些方面发生改变以表示学习已经发生了？对于每一个你打算评估的学习者的例子、证明和变化，你都应该仔细地思考为什么评估这些。是什么使得你选择的例子、证明和变化与学习之间产生关系？如果你找不到答案来回答“为什么”的问题，那可能是问题中的这个方面不应该在你当前计划评估学习的情境中被评估。

除了评估学习，你也许会选择评估虚拟世界本身。在第七章，我们也描述了一个框架，它可以作为现存虚拟世界学习平台的评估框架。如果你打算根据这个或其他的框架来评估虚拟世界，你需要仔细思考虚拟世界的哪一方面应该被评估，为什么？例如，你是打算评估虚拟世界的沉浸性本质，虚拟世界技术功能，将虚拟世界作为传统纸笔考试的替代，或是将虚拟世界作为建构性的开放世界来进行探索性的问题解决？虚拟世界是否与你打算评估的学习方面相关，这种相关已经建立起来了吗？为测量某种具体类型的学习，评估虚拟世界是你的目的之一吗（例如，具体的科目领域或是学习者的人口学特征）？相关性是否被建立起来，虚拟世界中的每一部分（例如上面描述的）是如何与你打算评估的学习的每一方面具体相关的？

150

设计同时包含学习和虚拟世界的评估计划，一个好的方法是列出一个你所想要评估的所有方面以及结果的清单，包括两列：一列是学习，另一列是虚拟世界（见图 9.1）。在你列出每一列中的各方面以及/或是结果后，根据你回答上文提到的问题时建立起来的相关与关系，在两列之间用直线连接相互参照的条目。这个连线过程能够帮助你在原本意图的基础上，更好地了解真正想要评估的东西。两列之间涌现的连接将会帮助你建立一个用于评价和测量的适当框架，这应该能确保你真正地去评估学习和虚拟世界，从而极大改善你的评估方法，实现你的目标。

正如你在图 9.1 所见,列表的两列中会有所交叉。一旦你明确了真正想要评估的东西,你就能够通过一些评价判断让评估过程变得容易。

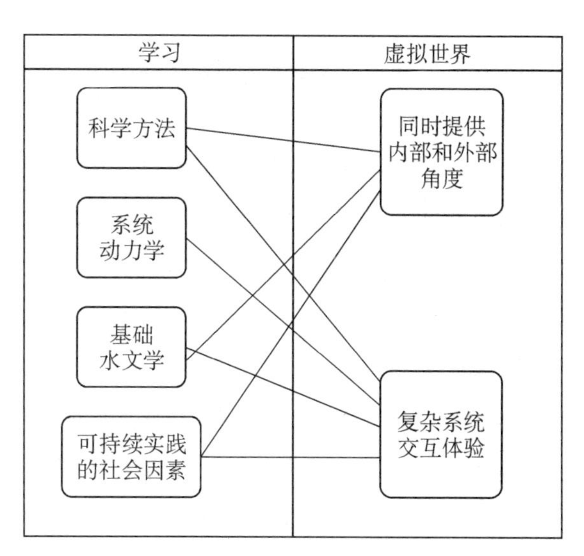

图 9.1　虚拟世界中相互参照的学习结果

评价(判断)

151

本章下一节将对评价作出更详尽的分析:使用或在虚拟世界中设计评价实践。然而,为了将评价判断放在为评估设计虚拟世界启动阶段的情境(context)中,可以根据你的设计先回答几个快速提问,包括评估什么,何时评估,何处评估,如何评估,以及在评价判断形成的过程中都涉及谁,保证评估过程能按照预期进行。

首先,需要作哪些评价判断才能确保评估按照预期进行?再次回想一下评估、评价和测量之间的关系:评估的结果(或目的)引导出用于评价的构念定义(并最终成为测量工具)。当你在思考你的评估设计时,你必须考虑在定义的构念中需要哪些判断,才能够确保评估结果得到了适当的处理。

其次,评价判断应该何时进行以确保评估按照预期进行?这个问题的答案取决于用于评估所选结果所测量构念的本质。评价判断应该出现在学习者进入虚拟世界之前、之中或是之后?最有可能的判断时机将会是这三者的结合。并且，评价判断出现的频率如何(学习者参与之前、之中并且/或是之后)?

为了回答这些“何时”的问题，让我们来思考一个评估设计的例子，其中包括与两种不同的学习空间相关联的结果：在虚拟世界中学习 vs 因为虚拟世界而学习。为了评估应该出现在虚拟世界中的学习结果(例如，当学习者真正地参与到虚拟世界中)，对与这些结果相关的构念作出的评价判断应该在学习者参与虚拟世界时出现，在之前和之后也极有可能(取决于构念的特定本质)出现。更进一步，为了让这些“嵌入世界”的学习结果被最适当地评价，在学习者参与到虚拟世界中时，评价判断出现的频率应该是怎样的？当然至少一次，但是根据为实现评价目的而测量的构念，也许有必要进行多次世界中评价判断。

为了评估那些应该作为学习者参与虚拟世界的产物而出现的结果，与这些结果相关的构念评价判断，最可能出现在学习者参与虚拟世界之前和之后。一般来说，“世界前”评价判断应该是将学习者分类，以便他们能够与不断变换版本的虚拟世界发生互动，每一版本都结合你所评价的构念的不同程度特征进行修改以支持相应的学习者(根据你的评估计划)。显然，必须至少有一轮“世界后”评价判断，根据每个学习者在虚拟世界环境中的互动经历来评估他(她)的状态(以及特征变化等)。然而，为了评估某种构念，例如，与深度学习和迁移(以及其他)相关的，如果可行的话，考虑在参与之后的不同时间段(例如，几周或一个月后)附加“后世界”评价是个不错的方法。

152

第三，评价判断出现在何处能够确保评估按照预期进行？这似乎提了一个奇怪的问题，但是在草拟评估计划的过程中，评价判断需要出现在何处这一问题却发挥着不可或缺的作用。判断需要工具和证据，并且这些判断的位置能够极大地影响工具的使用以及证据获取的后勤保障(logistics)(服务于评价判断)。让我们简单地分析一下用于评价判断的区位后勤保障(locational logistics)，这些评价判断可能出现在学习者参与到虚拟世界之前、之中以及之后。

在学习者参与到虚拟世界之前评价判断应该出现在何处？从后勤保障上来说，什么方法最适合你现在所有的工具和空间，能够让这些随时服务于你的评价方式？谁来作评价判断，这些判断发生在何处？这与学习者的位置有什么不同吗？这些后勤保障问题对于出现在学习者参与虚拟世界之中和之后的评价判断来说，有什么不同或相同之处？

第四，评价判断如何真实发生以保证评估按照预期进行？或者，换句话说，判断过程的机制是什么？判断者是如何形成以及传达决策的？如果判断者是计算机软件应用程序这个过程会有什么不同？一旦判断过程的所有事务都完成了，作为评估策划者，你还要决定评估者必须要作的适时执行预期评估的判断。或者换一个角度，哪些评价判断与预期的评估相关，哪些不相关？

最后，在评价判断中应该包括哪些人来确保评价按照预期进行？从参与评价的个体学习者身上收集证据，最后由谁作出权威决策？决策过程需要多方参与吗？如果是的话，决策者之间有层级吗？人类和计算机都包括在决策过程之中吗，还是只包括人类或只包括计算机？通过一次或多次自我评价过程，这些被评价者对评价过程也会有所贡献吗？

正如你所见，对于使用(或对)虚拟世界进行评价时应在何处、何时，以及如何作评价判断的思考可能会有所重叠。另外，当你在为开发或获取用于评估学习的虚拟世界而形成设计时，结合谁来作评价判断和关于他们评价判断什么极大地影响着何处、何时以及如何作评价判断。不仅谁来作评价判断和评价判断中的什么极大地影响着评价的其他后勤保障方面，它们也直接影响你作为一个评估设计者必须在测量工具上作出的决定。 *153*

测量

正如前几小节在评价方面所写的，为了将测量工具在设计用于评价的虚拟世界的初始阶段就包含进去，考虑到测量和评估之间的关系并确保评估能够根据你的设计来实施，同样需要强调什么、何时、何处、如何，以及谁的问题。可以使用一个简单的用尺子测量长度的例子来进一步说明这些问题(图 9.2)。

首先，应该测量什么以确保评估按照预期进行？根据你的评估设计，你为必要的评价判断定义了哪些构念？根据你的定义，哪些需要被测量？记住，学习不能直接被测量。要考虑到，学习是一种非常复杂的成长类型。如果你以高度和腰围的变化来测量一个人，你极有可能从一个人的长度和宽度这些维度开始评价一个人的成长。 *154*

其次，测量应该何时出现才能确保评估能够按照预期进行——在学习者参与到虚拟世界之前、之中还是之后？记住，评价判断需要可信的证据，而这来自

图 9.2　一把折叠尺

测量工具(例如尺子)。由于证据必须在评价者作判断之前收到,这些工具应该在何时实施才能有助于评价判断在适当的时机出现?例如,如果一个木匠需要将板子切割为特定的长度,那么他(她)是应该在切割之前还是之后测量?

第三,为确保评估按照预期进行测量应该出现在何处?测量可以在虚拟世界的界限以内或者以外实施。当你的评估设计形成以后,你必须把区位后勤保障考虑其中,以便极大地促进数据的收集,而这种方式对于必须作出的评价判断的类型来说是可靠的。思考一下尺子的例子:去测量一个对象的长度时,你必须拿着尺子与对象平齐。如果你的尺子离对象有一些距离,你收集的长度数据(证据)就是不可信的。如果测量的目的是收集学习者在虚拟世界或因虚拟世界发生的变化的证据,你就应该思考必要的测量工具的战略布署,以便最好地收集必需的证据:在虚拟世界之内、在虚拟世界之外,更有可能的是将两者结合。当然,确保你能结合服务于评估目的的评价判断来证明你策略的合理性。

第四,评价应该如何发生才能确保其按照预期进行?或者,换句话说,如何运用工具?并且这一操作功能如何影响服务于评价设计的评价过程?想一想直尺的例子:你是怎样拿着直尺以确保你在测量对象的时候能够读数?你是否也需要拿着对象的某个位置以确保准确的、精确的测量能够发生(为了收集可靠的证据)?你必须考虑所选测量工具的具体机制,以及这些机制如何影响学习和评价过程。

最后，谁来实施测量以确保评价按照预期进行？人（或计算机）必须进行必要的测量操作以收集证据。换句话说，谁来拿着尺子？评价者也是测量者，还是独立分开的？会一直如此，还是草案（和它的固有角色）会跟着评价的情境变化， 155 以服务于你所选择的评估设计？如果涉及多个实体，评价者（们）和测量者（们）之间的沟通过程又如何？测量者（们）和评价者（们）是人还是机器？

正如前几节提到的，在处理服务于评估计划的测量问题时会有一些重合。同样地，测量因素之间的影响也是巨大的。另外，测量和评价之间的影响也不能被忽视。尽管我们简单地讲述了以评估为目的评价和测量，但是当起草你的评估设计时仍要思考许多其他的方面。

附加的评估思考

尽管对于评价计划的额外思考有无限的可能性，这里我们仅关注一个问题，即以一个例子来说明在形成你的评价设计时还需要思考些什么。在提到评估学习时，你也许会决定评估学习者和评估虚拟世界之间的关系。在这种情况下，问题中的关系可以被视为当学习者参与到世界中时的"用户体验"（user experience）或"UX"。

当然，UX 是影响学习者参与世界中内容的重要因素。重要的是知道如果虚拟世界提供给用户（学习者）的是非常糟糕的 UX，体验不佳往往导致学生的参与度很低，而这可能会抑制预期的学习者对世界中内容的任何学习。然而，在测试 UX 的同时，在可接受的程度上评估在虚拟世界或因虚拟世界发生的学习是相当难以实现的。具体来说，由于用户正在参与虚拟世界内嵌内容的学习，如果询问正在虚拟世界中学习的用户（学习者）来评估 UX 的话，会破坏沉浸状态，而这一沉浸状态对于真实学习评价来说是十分必要的。因此，当你在开发或是获取某一满足你评估计划需求的虚拟世界的过程中作决策时，不要计划着在评估虚拟世界 UX 的同时，完成评估你的学习结果的必要步骤。这并不是说 UX 评估应该被忽视，尤其是如果你正在开发一个新的虚拟世界来满足你评估计划的需求时。

当你草拟你的评估计划时，还有大量的其他问题需要思考。因此在设计的任何阶段，向他人，可以是设计者也可以是其他方向的专家，展示你的设计计划，有助于收获多个角度的反馈。最好的方式是翻开每一块石头，因为你永远不会 156 知道在最后一块石头下会翻出什么，也许是一些会成就或是毁掉你全部评估计划的因素。

设计使用虚拟世界或在虚拟世界中实施的评价

记住:评价是对证据解释作出判断。当提到以评价为目的设计虚拟世界时,基本上有两种将虚拟世界用于评价的途径:判断可以独立于虚拟世界中的体验,或是结合(换句话说,在其中)学习者在虚拟世界中的体验。另外,这些评价的实施以及判断可以由人或机器来进行(表 9.1)。

表 9.1 判断和决策者之间的不同

	在虚拟世界之外	在虚拟世界之中
人类	教师根据每个学生在当前测试中的得分,选择和分配给每个学生不同的虚拟任务。	人为控制的导师角色根据之前学徒的表现来决定将哪个任务分配给他(她)。
机器	在一个科学中的站亭,学习者在一个数据表格中输入现有数据(例如人口学数据和年级),计算机程序会根据这些数据来解锁虚拟环境接下来的某个难度适当的部分。	如果学生表现出了能够解决谜题的能力,计算机会逐步解锁难度更高的 3D 益智模拟。

无论什么情况,无论是使用虚拟世界还是在虚拟世界中,由人作判断还是机器作判断,有几个关于评价判断过程的关键元素:证据和解释、解释的意义及其带来的结果、将判断投入使用。我们将会在下面的小节中详述这些关键元素,将会用同一个例子进行描述:基于虚拟世界的驾驶模拟程序。

证据和解释

当然,作为一个决策过程,评价涉及对充当个体学习者证据的数据进行多种形式的解释。在驾驶模拟的例子中,学习者 James,必须通过几个内嵌于世界中的模拟测试,才可以得到认证并被允许参与真实的驾驶考试。这类测试的其中一项涉及 James 驾驶三种车型:紧凑型轿车、旅行车和超大型 SUV,在常规尺寸街道停车位侧方停车的能力(图 9.3)。每辆车都需要停在城市街道的两辆车中间,并且不许违反任何交通法规,也不许撞上两辆车中的任一辆或是路缘,向前向后移动的次数最少,所有这些都要在规定时间内完成。

157

图 9.3　在华盛顿特区侧方停车(朋友帮了一些小忙!)

如何解释即将发生的James模拟停车表现的证据?要有多充分的证据才能解释发生的事情?谁对James的停车表现作出判断?是人还是机器,还是两者的结合?机器可以轻松地判断James是否撞上了其他停好的车、移动次数过多,或是花费了太多时间。每一个都是固定的量化取值,包括二值的“是/否”判断。电脑很擅长二值判断。人类也许应该判断整体质量,综合James在三辆车上的全部表现。他开小车时的表现是否要好于开大车,为什么?人类能够比电脑更好地掌控更高层级的解释性判断(至少现在如此)。当你为你的虚拟世界设计评价的时候,这也许是一种描绘人类和电脑可能的责任分工的比较好的方式:谁、什么、何时、何处,这些更多基于固定数值的问题可以由机器来解释,然而对于如何和为什么这类更为复杂的问题,人类作这类的解释仍然更合适一些。

158

解释性判断应该何时作出?判断应该在测量结束以及数据收集之后多久出现?测量和作出判断在时间上相对接近,是否要求判断必须在学习者进入虚拟世界的时间区间内出现?在James侧方停车表现的这个案例中,是否需要在停不同类车的三次尝试之间作出时效性的评价判断?再考虑下学习者进入虚拟世界之前或之后的时间,例如,前测和后测。假设James必须通过一个初试才能获得参加模拟驾驶的资格,那么对前测中收集的证据所作出的解释性判断就必须相当快地在他完成考试之后作出,尤其是当普遍期待着学习者在连续的环节完成前测、驾驶模拟和后测时。许多设计者在解决时间问题时，是将前测判断等价为可接受的正确答案比例，这一比例代表着学习者能否继续参与下个阶段学习的质量等级。不过，可能如此也可能并非如此，要依据你的具体情境，因此在你的设计过程中要准备好为解决这个问题花费一些时间。

最后，是什么将数据变成了判断？换句话说，需要哪些必须的工作来处理关于 James 侧方停车表现所收集的证据，才使得这些证据成为一种可以给解释性判断者使用的恰当形式？如果判断者是机器，只要按照能够理解这些数字形式的方式来编程虚拟世界，就会有足够的能代表 James 行为表现的物理属性的原始量化数据。如果判断者是人类，语义信息（或元数据）更多一点也许会有助于判断。因此，在设计将测量数据转变为有意义的证据的过程中，你应该为你的评价考虑如下问题：评价判断需要的证据是什么，这些证据要如何处理和送达？这些证据应该送达给谁，何时送达？

判断和含义

从属于学习者表现的证据解释以及最后的评价判断有大量的含义。当然，某些判断结果比其他的权重更大，但是关于学习者的每一项评价判断，无论是由人还是机器作出，都对学习者当前的体验具有某种程度的影响，并且也可能影响他（她）的将来。当你在虚拟世界中为学习设计评价时，要一直记住，

159 这些评价判断会对学习者产生什么样的影响。评价一定不能阻碍学习过程。

评价学习者的评估到底有多重要？如果学习者通过评价意味着什么？他（她）是否会获得某种许可去操作一些对于他们自己或别人来说有潜在危险的机器？如果 James 没能通过模拟驾驶测试，那么他仍然能够合法地驾驶汽车吗？如果他没有通过侧方停车的测试，他还可以继续参加模拟评价的其余部分吗，如果可以，那么没有通过侧方停车的测试会使得 James 拿不到驾驶执照吗？根据你自己对机动车驾驶安全的重视程度，这些问题重要程度不同。设想一下，针对伞降急救人员紧急响应能力的虚拟世界，或是针对游轮船长海港航行教学的虚拟世界。在每种情况下，评价判断的不同的风险，或问责程度，是包含在其中的，无论是对人类还是生态的。当 James（他后来没通过模拟驾驶）在一个停车点胡乱转弯，冲向明确标示的自行车道而把你从自行车上撞下来时，你一定不希望一个在紧急响应训练中失败的急救人员第一个出现在这样的场景。

最后，机器（替代人类）来执行某些解释性评价判断的事实会改变那个判断的意义吗？如果是的话，会有多少不同？那么，这些是你来决定的，当你为了你计划中的评估设计评价的时候，应该认真思考某种程度的差异所带来的后果。

判断以外

既不考虑对所收集的证据作出的解释性判断的含义，也不考虑谁（或什么）来作判断，最后一个需要考虑的问题是，在设计虚拟世界或在虚拟世界中实施评价时，给定的评价判断是否会带来虚拟世界本身的改变，如果带来了，这种改变会在何时发生。换句话说，一旦作出评价判断，虚拟世界是否应该发生变化，以给学习者呈现一个适时的反应，如果是这样，应该要多快？当然，虚拟世界很可能没有必要发生变化，尤其是评价发生在学习者结束在虚拟世界情境的学习活动之后。

在任何情况下，所讨论问题的关键是被称之为学习—评价—指导的循环，或称为 LAG 循环（图 9.4）。理想中，评价应该如此设计，这样解释性判断就可以作为一个有效果且有效率的桥梁，轻松连接学习过程和适当地帮助系统（指导）。在图 9.4 中，螺旋代表单个学习者在单个虚拟世界的一个连续环节的路径。

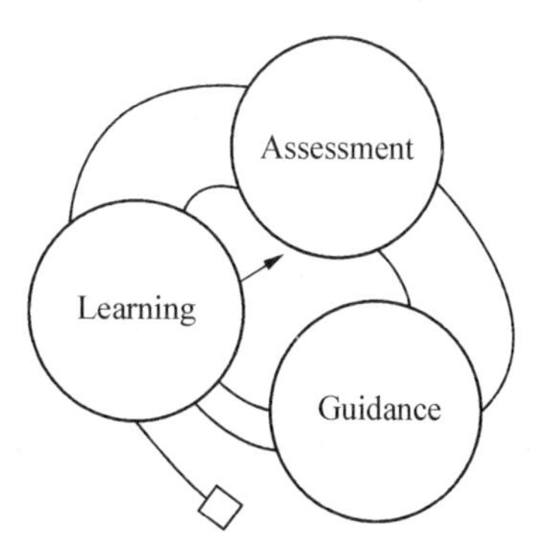

图 9.4　一个假设的单个学习者的 LAG 循环

160

依据所计划的评估过程，使用或在虚拟世界中应用 LAG 循环的方式根据场景的不同有很大的区别。例如，可能是这样的情况，当学习者参与到某个虚拟世界场景的时候，没有计划给他（她）提供任何的后测指导。表 9.2 呈现了使用虚拟世界或在虚拟世界中实施 LAG 循环的不同场景。表格中呈现的每一类场景都代表了一类潜在的学习者参与和评价的大量递归循环。

表 9.2　LAG 场景列举

LAG 循环场景	
1. 使用虚拟世界评价	2. 在虚拟世界中评价
场景 1.1：A→{L}→A	场景 2.1：A→{LAG}→A?
场景 1.2：A→{L}→A→{G?}	场景 2.2：A→{LA}→A? →{G}

A＝评价；G＝指导；L＝学习
{}＝学习者在虚拟世界中单独持续活动的时间区间

正如你在表 9.2 中看到的，当以学习为目的设计虚拟世界时，这里有两个关于 LAG 循环的主要问题：(1)在何处循环；(2)循环要多紧密。例如，在场景 1.1 中，学习者在参与到虚拟世界之前和之后被评价，但不是在他(她)参与虚拟世界之中，并且在虚拟世界中没有任何指导。在这个例子中，LAG 循环并不存在，因此两个问题的答案均是"不适用"。场景 1.2 包括学习者第二次参与虚拟世界，并为后测提供某种形式的指导。在这个例子中，LAG 循环在多次访问虚拟世界之间(何处?)是松散配合的(多紧密?)。场景 2.1 包括一个更紧密的 LAG 循环，出现在学习者单次进入虚拟世界之中。场景 2.2 包括一个更松散的 LAG 循环，出现在一个或多个学习者参与的环节中(依据中介"世界外"的评价是否被实施)。

161

你能想象出表 9.2 中的四类场景应用在 James 虚拟驾驶场景中的方式吗？更进一步，你能想象出符合表格中场景类别的真实教育场景吗？显然还有很多参与和评价的结合方式没有出现在表 9.2 中。你能想象出表中没有的具体例子吗？这个简单的练习能让这个概念更加具体，正如我们已经在其他章节中提到过的，不同的情境所要求的参与评价循环方式是不同的。例如，在场景 1.2，后测的指导可能会采用纸质工作手册(或电子文档)的形式，灵活地分发给个体学习者，或者指导可能来自教师发起的虚拟世界中某种形式的讨论，这些都是极有可能的。即使是在 21 世纪，最高级的技术并不是解决每一个问题的良方。当你设计你的评价时，把这些记在心间。当然，还要记住你必须得有好的评价工具来作出好的评价判断。

设计在虚拟世界中使用的测量(工具)

目前可获得的大量文献是关于设计传统评价工具(例如,纸笔测试)的,因此本小节关注的内容将严格限制于为收集学习者在虚拟世界场景内活动时的证据而设计的测量工具:虚拟世界中测量。这里要强调三个主要问题:哪些数据应该作为证据收集起来,多少数据才算太多,最后,世界中测量如何高效且有效地收集证据。

为了使评价判断必须依附于预期的评估计划,当学习者参与到虚拟世界时必须收集哪些证据(若有的话)?首先,再看一遍你的评价计划中定义的构念。这个或这些构念的本质是否是如下这类,即这些构念中关于变化的证据收集必须与学习者参与虚拟世界中呈现的学习场景同步。如果是这样的话,虚拟世界中的测量工具应该被纳入考虑之中,并且在开始开发虚拟世界软件应用时,世界中数据收集计划应该被合并在设计过程中。为了构造这个收集计划,要再次考虑被定义为必须在虚拟世界中测量的构念。具体来说,对于一个学习者,要评价他(她)在与定义的构念直接相关的特点上的世界中变化时,哪些证据是必须的? *162*

当然,也应该考虑如何收集作为证据所必需的数据,不幸的是,多种使用计算机编程方式收集特定类型的虚拟世界中绩效证据已经超出了本书的范围。即使如此,你是否能够收集到你想要收集的证据这一问题应该在设计阶段尽早地考虑。例如,再回想一下驾驶模拟世界:关于学习者的高速驾驶能力,你要依靠收集证据的能力,如使用一种建造在虚拟世界体验构造中的测量工具,而这一工具极大地依赖于对模拟车辆物理特征的实时记录。到了开发圆环的最后一节,你发现在技术上不可能开发这样的测量工具,进行这种虚拟世界中证据的收集,或者是分配给这个项目的时间和金钱都已经消耗殆尽,而你也没有一个能代替测量这些构念的后备计划。根据评价这些构念的风险,缺少收集可控高速驾驶证据的能力可能会成为一个灾难。

除去是否能够收集到学习者参与虚拟世界时的世界中数据,更重要的问题是是否应该收集。仅仅因为某种给定的证据可以被收集并不意味着应该被收集。当你设计自己的数据收集计划时,数据收集的道德伦理应该要胜于技术;要常常考虑何时、何处、如何收集数据(收集哪些数据)的道德伦理问题。

接下来,当学习者参与虚拟世界时应该收集多少数据?当然,至少你的数据收集计划应该包括为所定义的构念作出合理的解释性判断所需要的最小数据量。在最小值以上,一条不错的经验法则是去尽你所能收集大量的数据。然而,多少数据算是太多?在这个信息过剩的时代,记住,最有可能的,人类将会处理大量的数据。考虑一下LAG循环预期的松紧度:评价员有多少时间来处理证据性的数据?将这个时间限制作为一个主要准则来决定在学习者参与虚拟世界时收集多少数据。当然,有许多软件解决方式将数据处理为压缩格式,这对于给人类评价员作出解释性判断的证据来说,会更有用处,但其中的细节也超过了本书的范围。当决定虚拟世界中数据收集时,第二条应该遵循的准则是去维持学生在世界中场景期间的参与。数据收集的任何方面(例如,频率、数量)都有可能引发显著的干扰(例如,虚拟世界渲染的滞后),这种干扰将会带来学生对虚拟世界参与度的减少吗?如果是这样的话,那么你的数据收集计划应该被削减,直至去掉这些潜在的干扰。

163

除去关于收集过多数据的警告,另外的思考角度是有关数据收集的效率,事实上,在很多例子中,很可能只有一个机会去收集学习者世界中绩效表现的宝贵证据。事实上,一旦某一事件出现在虚拟世界,相同的事件不可能再次在极其相同的环境中发生。这与一句格言所表达的意思相同:一个人不可能两次踏入同一条河流。正因如此,在你设计数据收集计划时,还应该记住另外一句格言:"趁热打铁。"换句话说,当学习者正在虚拟世界情景中参与时,应尽可能多地收集证据,当然同时要尽可能多地遵循前两条指导。如果最后发现在你的数据收集计划中还有多余的空间收集额外的证据,要确保在你的计划中包含一个组织数据的结构,这样既可以立即用于说明性评价判断,又可以留作以后使用。

当你在设计过程中起草你的数据收集计划时,要考虑现实状况,很有可能发生这样的情况,没有足够的时间来开发新的评价工具收集你的学习评估计划中需要的数据。如果这种情况发生了,理想的(尽管痛苦)情况是,推迟全面公共部署虚拟世界应用程序,直到新的测量(工具)能够得到妥善的设计和开发。根据评估计划的利害,使用现存的测量工具也是可以接受的,例如低利害评估。高利害评估如美国公立学校中的年级测试,最好是设计并开发新的评价工具,这一工具针对预期的学习者群体应该全面有效。

在虚拟世界中使用现存的测量(工具)进行评价

根据你需要实施的评价，基于开发你的评估计划过程中识别并定义的构念，很可能已经存在一个测量工具，似乎能够满足你的需要。阅读获取到的研究文献，你能识别出可靠地测量与构念 X、Y 和 Z 有关特点的现存工具，应用它们，并且适当改变以达到你的具体目的。不幸的是，你很有可能得到一大堆稍稍大于圆形洞的方形木桩。常常，将现存的测量（工具）用于你的虚拟世界中被评价的一群学习者时，出于各种各样的理由，这些工具不可能真正地成为一个可靠、有效的选择。 164

第一，除非是你的幸运日，你能够找到同行审阅的文献支持你的结论，否则你选择的工具的信度很可能并没有在你的目标学习者群体中得到确认。如这个假设的例子，仅仅因为一个工具在统计上证明用于测量加州五年级学生的变化是可靠的，却并不意味着适合各地的五年级学生。当然，为了保证适当的信度需要控制许多变量，所以在评价计划比较早的时候，你必须判断这些统计数据与你的需求在多大程度上匹配，以及查证的匹配程度是否已经足够(或者不够)。

同样地，所选择的工具测量的特点很可能并不直接与你需要测量的构念所识别的特点相关。因此，再加上信度上的不匹配，你也很可能获得几种效度的不匹配。再次强调，在设计过程的早期，想好(在每类效度上)你所需要的匹配程度如何，并且对于这些匹配是否已经足以作出判断。

讲到几种类型的效度，在为与虚拟世界相联系的构念的评价选择测量(工具)时，一个主要的、广为存在的问题是，事实上大多数现存的测量(工具)几乎没有同任何虚拟平台联系在一起，尤其是整合在学习者虚拟体验的框架内。例如，如果你需要将一个科学测验整合在对一条虚拟小溪的水质样本检验中的互动体验中，那么测试中每道题目的遣词造句很可能都需要更改，才使得测试题目以一种不会破坏学习者虚拟体验的方式无缝送达。看似和改变题目问法同样简单的变化实际上能够对信度产生相当巨大的影响，所以想象一下，当你将评价工具整合进入虚拟世界场景时，你对题目所作出的其他改变会带来潜在的影响。当谈到虚拟时，我们仍然要在测量和评价中坚守信度和效度边界。在你进行设计时，要常把这个问题放在心间。

如果你想确保高水准的信度和效度，在为评估你的虚拟世界中的学习作测量与评价的时候，接下来这些会是有用的步骤。取决于你所定义的构念中学习者被识别的特点，按照具体的特点（人口学指标、先前知识等）可以开发一个或多个新的测量工具（或是大幅度更改已有的工具）。这些新的工具都应该在你所预期测量的人群中进行试点、证实，并且是有效的，样本量是可以接受的，而且这些试点研究应该发生在虚拟世界环境，并且在其中会出现真实的学习经历。

165

再次强调，要考虑现实。你设计、开发，以及实施虚拟世界的经费会花完，或者你没有经费。你是这个项目唯一的人，顶着 12 个不同的头衔。因此，现实一些，尽你所能。至少，在你开始使用工具收集数据作为证据以前，要花费时间来测试这些你希望用在虚拟世界设定的工具。然而，如果你对于这些工具没有稳定的信度数据和效度判断，那么你不能够（并且不应该）对你选择的人群作出关于学习（或任何特征变化）的任何实质性断言。

结论

我们这章谈了很多，包括使用虚拟世界或在虚拟世界中评估、评价和测量的实践。似乎有些奇怪，但希望你比在阅读这章之前有了更多的问题。许多好的研究、合适的设计实践，尤其是与评估、评价和测量相关的，常常包括提出许多好的问题，这些会带来更好的问题。从这章中获得的最重要的事情应该是，尽管每种为了评估虚拟世界中的学习的评价以及测量的方法都会有相同的线索，每一个具体的场景都会有足够独特的变量，你作为设计者，无论是有 1 个头衔还是 12 个，必须不断地提出更好的问题。

注解

1. 你一定会奇怪，为什么我们使用评价判断而不是评价。是的，也许有些令人困惑，但是让我们澄清一下：通常，术语评价被误用去指实际上的测量工具——测验。是的，评价过程的确需要某种形式的测量，但是评价和测量之间的关键不同是这一事实，一些类型的决定对于评价的出现是必须的。

测试你的理解

1. 虚拟世界中测量和评价有什么不同?
2. 描述使用虚拟世界的评价和在虚拟世界中评价的具体不同之处。

学习活动

166

1. 为一个现存的或是为一个你计划开发的虚拟世界设计一个(学习)评估计划。

2. 也许你心里已经有了一些在你设计或获得的虚拟世界中实施的工具。想想这些工具在虚拟世界不同场景中转换的可行性。

3. 思考你的评价计划中一个或多个你识别并定义的构念。如果你还没有评价计划,那么想出一个或多个构念当作挑战。写下一个设计实践的关键映射,用于测量与这些构念相关的特点,具体来说是在用于你所选择的学习领域的虚拟世界中学习者的绩效表现。

其他资源

The Journal of Technology, Learning, and Assessment (JTLA) http://ejournals.bc.edu/ojs/index.php/jtla——来自网站:"The Journal of Technology, Learning, and Assessment 是同行审阅的、学术的在线期刊,强调基于计算机的技术、学习与评价的交集。"

这一开放期刊是在智识上讨论将高级技术实际应用于情境化的评价实践,是名副其实的珍贵收藏品。所有的文章都可以免费下载 PDF 版本。

第四部分　超越设计:虚拟世界的开发和应用

第十章　开发用于学习的虚拟世界

简介

169

本书主要聚焦在用于学习的虚拟世界的设计。从技术层面讨论计算机游戏和虚拟世界开发的书已经很多了。坦率地讲，那些细节超出了本书的范围。但本书讲了理论、机制、设计、评价等内容，如果不包括虚拟世界实际上是如何建造的，也是不合理的。再加上我们这两位作者热衷于构建虚拟世界，也乐于讨论如何构建它们。因此，本章将提供一个关于开发步骤的综述，这些开发步骤应当可以作为设计用于学习的虚拟世界的构成部分。此外，我们还会讨论项目管理方面的主题，会从确保设计阶段到开发阶段的平滑过渡这一角度具体展开。

在第八章，我们粗略地介绍了创建全面的课程设计文档的过程。你应该记得我们讨论过，在开发虚拟世界之前创建这样一个文档有着难以置信的益处。其中包括：确保你有清晰、可测的学习目标；确保你知道如何让学习者通过虚拟世界达成那些目标；提供一个现实检验，以判断在基于虚拟世界的课程中，其学习目标与达到目标最适宜的活动是否能良好匹配；创建一份时间表和预算，以判断在良好匹配的情况下，是否值得花费如此的时间、努力和开发投入将课程嵌入虚拟世界。

这些都是创建一份详细的设计文档的主要原因，但它们只是好处的“第一部分”。撰写课程设计文档的另外一个重要原因，是它可以提供创建虚拟世界的蓝图、目标，以及活动。为了确保从设计到开发的平滑过渡，你做的设计文档应当尽可能地清晰和详尽。思考设计文档的最佳方式是你所制作的文档应当能够单独作为设计的完全记录。你应当能够把这份设计文档交给开发团队，并且在不

170

需要更多交流的情况下他们能够据此创建出你想要的东西……当然你决不该那么做！设计和开发团队之间的规律交流对于达成好结果是必不可少的。

经验教给我们，设计文档达到恰当的详尽程度，对于避免开发过程中高昂投入问题至关重要。开发者无法揣摩课程设计者的心思，虚拟世界中绝不会出现设计文档中没有写入的东西。同样，开发者们应当严格遵循制作脚本；他们的工作就是在虚拟空间中实现课程设计文档中描绘的图景。这并不意味着开发者不能体现他们自己的想法和专长。他们深知在虚拟世界中如何把课程图景变为现实。但他们不应为了追求个人的开发幻想而偏离设计文档太远。

当你第一次开始创建虚拟世界时，或许你一个人既是设计者也是开发者（和课程内容专家、图形艺术家、撰稿人、编码人员等）。当一个人时，不偏离脚本或者按照你的想法任意调整都不困难。但当你开始认真地设计虚拟世界时，你肯定需要其他人加入，帮忙共同制作你们的虚拟世界。在团队发展壮大的同时，也更加需要清晰的开发过程。为了确保开发过程的顺利，在整个开发过程中，设计和开发团队中的每个成员都应当理解并遵循一整套清晰的规则。

开发过程

本章，我们继续将“拯救科学”虚拟世界中 Weather Trouble 模块作为例子（虽不是一个完美的模块，但却是一个真实世界的例子，完整地包含了问题和争议）。本章要讨论的开发过程是假定你在一个教育环境中工作，而不是专业开发团队或者商业游戏开发公司的成员。我们描述的开发过程处于教育开发这一非专业的独特文化情境之中（比如，开发发生在学校、大学和非正式场合）。有别于我们这里所描述的，大型商业组织倾向于遵循更正式的 ADDIE（分析，设计，开发，应用，评价）方法。

171 本章自始至终会在 Unity 游戏引擎的环境中讨论开发问题（图 10.1）。Unity 是构建虚拟世界和其他各类游戏、仿真、训练平台的强有力开发环境，Unity 有多种不同版本，包括基本版、专业版，以及允许发布到多种平台的各种版本，包括 iPhone、iPad、Android 设备和各种游戏机（Xbox，PlayStation3，Wii 等）。Unity 基本版是免费的，并且足够强大，可以满足教育虚拟世界创建的需要，其开发出来的虚拟世界能够在 Windows 和 Mac 计算机上使用，或者运行于大多数现代浏览器上。你能够在 http://unity3d. com 下载到 Unity 免费版。如果你发现还需要某些不包含在免费版本中的特别功能（虽然这不太可能），你可以通过 Unity 网站或 Academic Superstore(见 www. academicsuperstore. com)等第三方零售店联系销售支持，以较低的学校折扣购买专业版年度许可。如果你不在学校环境中，你只能以全价购买，这个价格相当高。

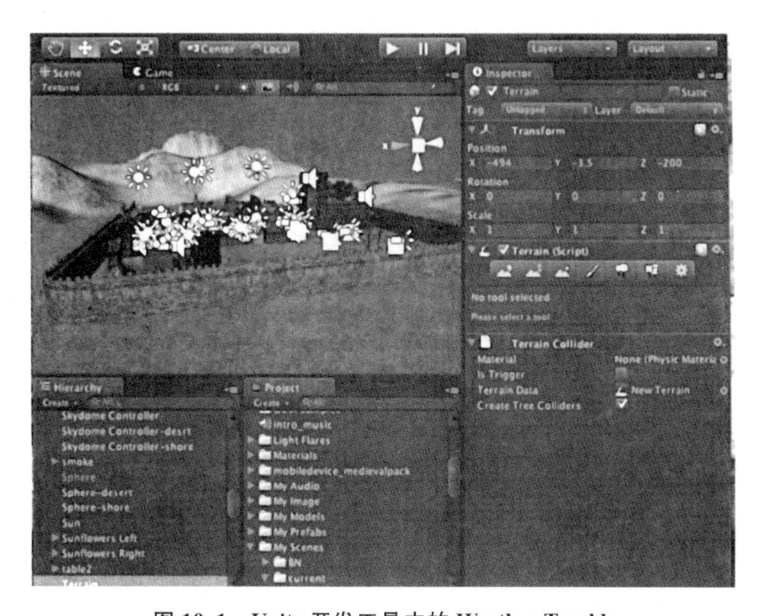

图 10.1　Unity 开发工具中的 Weather Trouble

虽然我们会在虚拟世界开发的讨论框架内探讨 Unity，但我们不会给出 Unity 本身的学习指南。要学习 Unity，你可以找到大量优质的在线课程和学习指南。很多课程都是免费的，但是最好的课程大多要求按月付学费。在本章末尾会列出一些优秀的 Unity 在线资源。 *172*

另外，Unity 只是几款优秀的虚拟世界开发系统之一。我们认为 Unity 实现了强大、灵活和成本的完美结合。不过，它有一定的学习难度且需要掌握一些编程技巧才能充分利用它的功能。其他两个系统，Second Life（见 http://secondlife. com）和 Activeworlds（见 http://activeworlds. com ）对没有强化技术训练的团队更容易些，但在灵活和功能强大方面稍逊色于 Unity。另外，这两个系统都不支持跨平台的虚拟世界开发。

开发团队

在你开始建造虚拟世界之前，需要确保有一支能够胜任这一工作的开发待命团队。依据你的情况，开发团队的人数少到一人（也就是你），多到一打或更多人。再强调一下，在本章我们假设你不是以大型商业软件公司成员身份在开发虚拟世界，而是在一个教育或培训环境中工作。一旦你不再是单人开发团队，一个最基本的开发团队应该包含一名教学设计者/游戏设计者、程序员以及 3D 建模人员/图形艺术家。如果你有充裕的资金，你还可以拥有一名声音艺术家、旁白艺术家和编剧。虽然不直接属于开发团队成员，在课程设计过程中你还需要一名课程内容专家。

教学设计者/游戏设计者

这个人通过与开发团队和课程设计团队双方的交流管理开发过程。最理想的，他（她）应该接受过教学设计方面的训练/或是有创建基于计算机的学习材料的经历，最好是能够有教育游戏设计和开发方面的培训和/或经验。这个人不需要是一名专家程序员、艺术家，或课程设计者，但在项目的各个方面都应该有足够的知识，能够理解团队成员并进行协调，并且还需要有充足的管理经验和/或保持开发过程尽可能快速和平滑地向前推进的才能。理想地，你实际上应当有两个人一起工作，一个是教学设计人员，另一个是游戏设计人员。至少，你应该与一个游戏设计人员商量，尤其是如果你以前从未设计过任何游戏类虚拟世界。

173

程序员/虚拟世界建造者

这些人负责写代码，即运行虚拟世界中所有交互和事件的代码以及控制与虚拟世界相关联的 GUI 元素的代码。注意这里我们用了复数。如果可能的话，你的开发团队需要的程序员不止一个。另外，你的程序人员应当是真正的程序员：接受过编程语言、数学和逻辑训练的人。像 Unity 这样的虚拟世界创建工具，可以与预先写好的代码块创建基本的交互，从而使编程相对简单。然而，除了最简单的虚拟世界交互，其他所有都需要那些能书写自定义代码的程序员来完成。这看起来是显而易见的，但在教育环境中着手开发虚拟世界项目时，整个团队中没有人具有编程技巧和经验的情况很常见。

程序员们通常也会组装(assemble)虚拟世界,使用各种多媒体元素,如 3D 模型、化身、2D 图形、声音和音乐,这些素材可以是原创的,也可以是由团队中的其他成员购买的。使用 Unity 开发系统构建和组装虚拟世界,类似于舞台表演时家具和立体布景的安排。Unity 允许在虚拟空间中通过简单的拖曳放置 3D 对象。一旦对象放置到虚拟世界中,可以在对象上附加代码产生交互。

3D 建模人员/图形艺术家

每个虚拟世界开发团队都至少需要一名 3D 建模人员/图形艺术家。当然理想情况是不止一个。这些技能集(3D 建模和图形艺术技巧)往往不能在一个人身上找到。对想要创建虚拟世界的教育者来说,在开发阶段中这部分的要求可能是最具挑战性的。通俗一点说,优秀的 3D 建模人员和图形艺术家可能开价非常昂贵,而教育虚拟世界项目的经费通常都不是很充足。既然如此,你能做什么呢?在教育环境中(特别是大学)工作的虚拟世界开发者拥有即便是大规模商业开发者也无从拥有的伟大资源:学生。在教育环境中创建虚拟世界项目,你可以利用学生艺术家的技能(并且报酬相对较低)。与学生的合作是一种双赢。学生们在学校便可以有这样的机会使自己的档案袋更厚实,并且成果可以被真实的受众所用,从而赢得有价值的经验,同时还可以赚些钱。通过这种方式,在经费预算有限的小开发团队中,设计和开发者也有能力创建基于虚拟世界的课程。

但是,如果你所在的环境中没有学生能够帮你创建 3D 模型和图形元素,那你做什么呢?一个选项是利用预制对象数字化资料库。有很多这样的资料库, 174 这些资料库中很多都提供免费对象。例如,Google 3D Warehouse(见 http://sketchup.google.com/3dwarehouse)收集了大量用户创建的免费 3D 对象。其他的数字化资料库,像 TurboSquid 包含混合的免费和付费对象(见 http://turbosquid.com)。独立艺术家也面向特定开发工具的用户群创建 3D 对象和图形元素。例如,Unity 开发工具内有一个物品(asset) 商店,有 3D 模型、图形元素、程序代码,以及其他创建游戏和虚拟世界有用的材料。在本章结尾处,我们会给出一些此类内容资料库的链接。

过多地依赖资料库中的资料存在一些弊端,大多数情况,免费内容的质量不是很高,可用的免费材料的数量有限,使用现存内容会限制你的能力,无法设计具有独特个人风格的虚拟世界。另一个挑战就是要找到足够的外观和感觉统一的材料才能创建基于虚拟世界的课程。另一方面,使用这种免费材料能够使你快速地创建和部署用于学习的虚拟世界。

另一个可能的途径就是找到自由艺术家和建模人员来创建你需要的项目。如果你找对地方广撒网,便常会找到有才能的"饥饿艺术家",他们能够廉价而高效地工作。例如,Unity 有一个在线社区论坛,艺术家可以在那儿发布广告,展示他们的能力和档案。在同一个论坛,虚拟世界设计者可以发布求助广告(见 http://forum.unity3d.com/forums/31-commercial-Work)。

Weather Trouble 例子

> Weather Trouble 模块是某所大学中一个受资助研究拨款的组成部分,在开发过程中,开发团队拥有的资源就是这类环境中非常典型的:由专注的学生工和研究者组成的小团队,以及一些拨款作为开发费用。虚拟世界开发团队包括两名程序员/虚拟世界开发人员、一位图形艺术家,还有一位教学设计人员。需要的时候,教学设计人员会帮忙做一些编程任务。开发团队中所有成员都是兼职,在课堂、会议及其他工作之余从事 Weather Trouble 虚拟世界的开发。开发团队成员除一人外其他的都是学生。所有的开发团队成员都接受了相关开发领域的培训,只有图形艺术家和教学设计人员在特定领域做过专业开发。开发团队还聘用了一位居住在海外的独立艺术家,为项目创建 3D 定制模型。
>
> 175 虚拟世界开发团队与一支强大的来自另外一所大学的课程设计团队共同工作。这个团体包含科学教育专业的多名博士生,一位科学教育教授作为导师,他在课程设计特别是虚拟世界中的课程设计方面非常有经验,还有一位教授,其专长是教师专业发展和学校中基于技术的学习环境应用。

基本开发过程

一旦队伍整装待发,就可以开始建造了,将设计文档转换成完全实现的虚拟世界。按照我们的经验，从课程设计到完全开发好的虚拟世界，其间的开发过程从来不会是完全畅通的线性顺序步骤。相反，创建虚拟世界总是经由一种“快速开发”的迭代循环，包括开发、测试、回顾和重新修正。这个迭代循环是这样的：进行部分开发，发现问题和挑战，修正课程和虚拟世界，建造后续版本并测试，进一步修正，诸如此类。

下面是一个基本步骤序列，你可以遵循这些步骤，作为自己虚拟世界迭代开发过程的一部分。这些步骤不一定通用，但它们提供了虚拟世界开发的一种常识性方法，我们发现在工作中非常有用。

圆桌阅读(Table read)

像电视节目中的演员，开始开发的时候对脚本进行圆桌阅读是一个好主意。这里我们的脚本就是第八章描述过的课程设计文档。开发和课程设计团队一起通读设计文档，商讨虚拟世界的开发大局。所有团队成员在圆桌阅读前，都应当完成文档的预读，仔细关注文档中与个人在团队中的角色相关的要素。圆桌阅读的目的是确保开发团队和课程设计团队对虚拟世界的愿景达成共识，故事情节是什么，主要的探索和任务是什么，学习怎么评价，以及谁负责开发哪一部分。形成的共识需要与课程设计文档描绘的途径和细节完全一致，这一点(几乎)是不言而喻的。

虚拟世界设计团队和开发团队通常不在同一个地点。实际上，更常见的是成员分散在四方，大多数的交流通过电子化方式来完成。这种情形下，相比共处一室的开发团队，圆桌阅读就更重要了。在一个地点进行虚拟世界的开发，理解偏差和沟通不畅的情况相对容易清理，但当团队成员在不同地点独立工作时，这会迸发出大问题。 *176*

Weather Trouble 例子

在创建 Weather Trouble 虚拟世界时，开发团队和课程设计团队的基地分处美国的两端，缺少面对面的会议，几乎完全是远程操作。因此，圆桌阅读通过电话会议的方式进行。开发团队成员通读之前课程设计团队创建的设计文档，然后整个团队通过电子化会议的方式逐行讨论文档。开发团队的成员提出问题，在课程的层面提出技术议题，从课程设计的几个层面寻求说明。必要的时候,课程团队成员解释课程设计中的困难和复杂要素,这个解释会比课程文档中描述得更详细。会议还会进一步地讨论和修改(通常都会这样)设计文档中提出的开发时间表。两个团队中都会有一位成员做笔记,记录提出的所有议题、要修正的部分,以及下一步工作内容。这些笔记最后进行对比和合并,发给所有成员,作为虚拟世界创建的共享工作"协议"。

资源列表

当开发团队对虚拟世界开发需求形成了透彻的共识以后,团队成员应当汇集开发所需的多媒体和编程资源清单。例如,图形设计人员和3D建模人员应当通读设计文档,编制一份易于理解的清单,列明虚拟世界所需的图形元素和3D组件。程序员浏览发生在课程中的所有事件/任务/交互,并创建需要的编程脚本和功能模块清单。教学设计者带着不同的目的查看这些事件:他(她)要创建一个设计方法清单,以便在虚拟世界中最有效地支持学习。例如,教学设计者可以决定在虚拟世界中使用视觉信号。正如我们在第四章所描述的,视觉信号这种方法在虚拟世界和/或GUI中可用于引导学习者注意交互对象,这对课程目标来说非常重要。理想地,这份设计方法清单以及相应的功能模块清单、组件清单和材料清单,应当在开发阶段前被添加到设计文档中,但这通常都没有做到。

177

资源的收集

一旦创建了所需资源的总清单,开发团队成员就可以开始收集新虚拟世界中可以用到的现存资源了。当你第一次开始进行虚拟世界的开发时,你手头可能没有多少现成的资源。但当你完成了开发项目,你就可以开始建设一个数字化资源库,这些资源在将来的项目中就可以被重新利用。当你的团队回顾设计文档时,就可以快速识别和收集已有资源,并直接用于和/或修改后用于最新的项目。

如果你还没有开发个人的数字化资源库,没有资源适用于目前的项目,你可以求助于前面描述过的在线资源库,去查找满足项目需要的图片、组件和代码示例。通过这种方法获取所需材料通常比自己开发更快捷、容易和便宜,当然如我们所指出的，使用在线资源存在缺陷，在外观和感觉方面不一定是你想要的，难以保证与课程设计文档所描绘的图景一致。

Weather Trouble 例子

就虚拟世界 Weather Trouble 来说，大约项目所需 90%的资源已经开发好、购买过，或可通过以前项目的数字化资料库回收而来。Weather Trouble 是一系列相关课程单元中的第三个，它们都架设在同一个大概仿中世纪的（vaguely medieval）卡通风格虚拟世界中。因此，早期虚拟世界的 3D 组件资源可以在后续虚拟世界中重用或别做他用。这些资源包括建筑物、“舞台布景”组件（椅子，桌子等）、道路、农场动物、NPCs，以及风景元素（岩石、树、水等）。类似地，为早期项目开发的很多 2D 绘图元素都可以被重用。这包括大多数的 GUI 元素（按钮、GUI 面板等）和 3D 对象使用的纹理。在编程方面，Weather Trouble 中用到的几乎所有代码都是由为早期虚拟世界开发的 Unity 源代码的编辑版本构成的（图 10.2）。

178

图 10.2　有着购买、创作和寻找而来的对象的 Weather Trouble 虚拟世界

对于还没有创建过的元素，开发团队首先要看网络数字化资料库是否可以买到或免费下载。他们购买了很多项目，包括仿中世纪的建筑物、石头墙还有围墙。他们还找到一些免费（免版税）图形和关联的代码，用于实现动画效果的云朵漂浮的虚拟天空。

资源的创建

如果你没有所需资源,并且/或者你无法通过现存的免费或可购买的在线资料库中获取资源,这就需要自己去创建了。大致来说,自己创建资源的挑战在于:人、经费和时间。正如我们所描述过的,找到并聘用有技能的艺术家、建模人员或程序员不是件容易的事。在这些领域有技能的专业人员常常很昂贵,并且通常已经在从事其他项目的开发。经验较少但有技能的资源创建者更容易找到,聘用起来也相对便宜(例如,大学生),但很可能开发起来进度较慢并需要更多的监督。你需要平衡这些对立的挑战,完成所需材料的创建。

179

另一个挑战就是虚拟世界要自始至终保持一致的外观和感觉。教育虚拟世界开发最典型的情节往往是在项目中会混用现存的、购买的、新近开发的资源。为了良好匹配设计实践同时忠于课程设计团队图景,虚拟世界需要有清晰、一致的外观。当为虚拟世界开发新的资源时,艺术家和建模人员需要努力使新创建的资源与已有资源仔细匹配起来,以便使虚拟世界拥有整体一致的外观和感觉。

Weather Trouble 例子

尽管在制作 Weather Trouble 虚拟世界时,开发团队可以重用大量已有的 Unity 资源,但课程设计文档中包含大量需要原创开发的元素。其中一些包括:新的 NPCs,与课程中特定内容相关的许多 3D 对象(风向标、温度计、旗帜等),还有一些 GUI 元素,包括罗盘和传送器(无需行走从一个区域跳到另一个)。

地形创建和 3D 对象布置

在你收集和创建资源时,可以开始建造虚拟世界中的地形了。我们所说的地形,就是虚拟世界中室内室外的空间。例如,如果你的虚拟世界坐落于一个小城镇,你可以建造城镇的地形,包括山、谷、平原、树、水体等。如果你的虚拟世界都是室内的,你可以建设课程所发生在其中的建筑物。创建了虚拟世界室内和室外的地形,就为 3D 对象和角色提供了舞台,你可以将它们放置其中。地形建造完成后,3D 对象就可以放置在虚拟世界中了。通常情况下,在所有 3D 对象开发前,地形已经建造完毕。这种情形下,为了节约时间使效率最大化,可以在虚拟世界中安排占位符对象。这些占位符对象为程序员和 GUI 开发人员提供暂时的目标对象进行代码测试。

Weather Trouble 例子

180

Weather Trouble 发生的虚拟世界看起来像是中世纪的城镇和乡村。具体来说，课程中让学生探索一个小镇，一个荒凉的边远村落，以及一块沿岸陆地。开发团队在 Unity 中创建了足够大的单一地形对象，可以容纳所有这三个场所。Unity 内置了一个工具，允许其进行简单的景观创建。使用这个工具，开发团队快速搭建了虚拟世界的整体地形，并把所有的建筑物放到了虚拟世界的“舞台布景”上(图 10.3)。一旦主要的布景放置好，就可以引入其他所有 3D 对象并放置在合适的地方，为附加代码实现交互和相关的 GUI 元素做准备。

图 10.3　Weather Trouble 中的地形和对象

创建 GUI

我们在前面章节讨论过，基于虚拟世界的课程通常会用到大量 2D 的 GUI 元素。GUI 能够呈现虚拟世界中对象的信息，作为对话系统与其中的 NPCs 交

181

流，作为库存系统及工具箱，等等。开发虚拟世界时，GUI 系统，包括编程和图形元素，可以与虚拟世界本身并行创建。那样，当 3D 对象放置到虚拟世界中时，就可以立即添加并测试与它们相关的 GUI 元素。

Weather Trouble 例子

Weather Trouble 虚拟世界使用了大量精心制作的 GUI 系统，用于 NPC 对话、对象交互、记笔记，以及嵌入的小测验。程序员和图形艺术家协同工作使用图形设计程序(Adobe Photoshop)和 Unity 创建 GUI 系统，同时虚拟世界的其他元素也在同步开发中(图 10.4)。

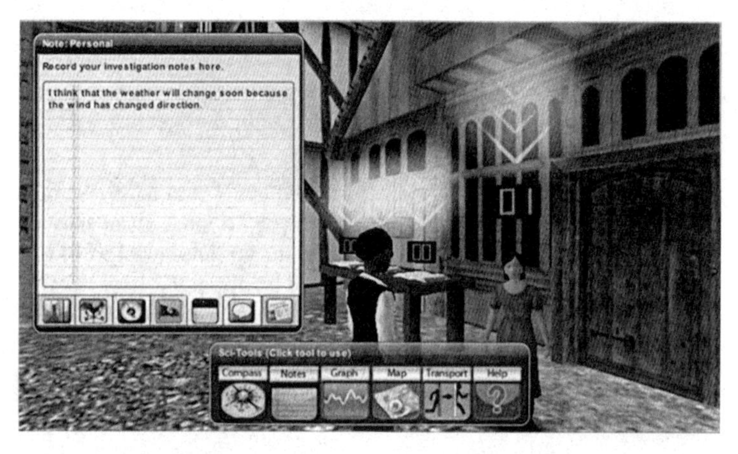

图 10.4　Weather Trouble 的 GUI

编程

尽管在地形创建和对象放置后，我们列出的便是编程，但你不要等待这些事情发生后才进行编程。编程应该与其他开发活动并行开展。理想情况下，一旦虚拟世界的布景布置完毕，程序员就应该可以开始测试、修正和调整代码。进行虚拟世界内交互的编程时，在开发团队和课程设计团队之间，保证沟通渠道的畅通特别重要。课程设计文档很难对交互进行解释和可视化。应该借助圆桌阅读阐明交互是如何工作的。但最好的方式莫过于在可能的时候通过虚拟世界本身去测试。程序员通过使用占位符对象和 GUI 元素，可以在虚拟世界中快速装配基本版的交互。与课程设计人员和教学设计人员一起，必要时可以测

182

试和修改交互。在开发早期，频繁的测试和修正能防止后面出现让人非常头疼的事情。

Weather Trouble 例子

在 Weather Trouble 团队中，教学设计人员同时作为助理程序员创建了虚拟世界地形的三个独特的区域（荒凉的村落、港口和小镇中心）。而且他还放置了建筑物、墙和其他对象。首席程序员则放置了其他对象，开发了所有交互，还部署了 GUI 系统。如我们描述过的，项目中用到的几乎所有代码都是由现有代码构成的，修改后用于 Weather Trouble 虚拟世界。

α 版本测试

只要团队一完成虚拟世界基本版的开发，在开发成员间开始实施 α 测试就变得很重要了。α 测试的目的依据实施测试的团队成员的角色而定。例如，课程设计人员应仔细地关注他们的设计在“真实”虚拟世界中是什么样子。图形艺术家和建模人员应特别聚焦于他们完成的艺术制品在虚拟空间中的外观和感觉。但也许 α 测试过程中最有价值的任务就是让设计和开发团队中的每个人尽量试着去破坏这个世界。他们执行虚拟世界中各种可能的交互来寻找功能或程序上的错误、文本拼写错误和逻辑错误。在努力破坏世界的过程中，团队成员还要做一些预期之外的事情，如尽量逃出虚拟世界（我们多次在建造的虚拟世界地形中发现不可见的黑洞，可导致用户从地面跌落到无尽的虚拟世界空间！）。

Weather Trouble 例子

183

在一个完成了 90% 的 Weather Trouble 版本中，课程设计和开发团队进行了单轮 α 测试。测试产生了一个必要的修正清单，大多数与虚拟世界中化身和 NPCs 之间的对话有关。一些课程设计要素也需要在最初的概念上有所改变。例如，课程设计文档中让学习者使用随身携带的温度计检测不同场所的温度。团队在 α 测试的时候，发现带着温度计到处走“感觉到怪异”，团队从而认识到把工作的虚拟温度计放到城镇中的建筑物上更有意义。

修正

α测试肯定会发现一批程序错误、拼写和语法错误、图形和3D建模缺陷等。这些问题在随后的修订中通常相对容易修补。更具挑战性但也很常见的是课程设计文档转换为虚拟世界时才能显露出来的课程设计问题。在纸上和圆桌阅读时一些有道理的想法，在虚拟世界中真实体验时有时会发现没那么有用、有意义、有逻辑性。在开发过程中尽早发现这类问题是很关键的。越晚找出这些问题，在时间、经费和人力资源方面花费会越大。

试测和进一步修正

在虚拟世界实施α测试并修正后（至少一轮，但多一点更好），团队需要安排对虚拟世界实施至少一轮的试测，试测的部分样本要从目标用户中选取。试测目标与那些α测试阶段目标是相似的：测试找出编程、图形、文本和多媒体等方面的漏洞。重要的是，试测同时可以让团队收集到一些数据，包括虚拟世界及内置课程支持课程设计目标的情况，了解虚拟世界是否能够按照你所希望的方式激发学习者兴趣。目标用户与虚拟世界交互的方式几乎是你无法预期的。试测可以让你看到虚拟世界中真实的目标用户行为与你们所设想的用户行为之间的相符程度。

184

Weather Trouble例子

对于Weather Trouble，团队在一所中学的几个班的学生中开展了试测。完整地使用了该课程，对参与的学生和老师进行了前测与后测，并实施了课堂观察，进行了数据分析。除了发现试测学校的电脑硬件技术性能低于虚拟世界良好运行的最低需要外，其他一切都很顺利。

完成“里程碑”版本

一轮或多轮试测后，就是完成虚拟世界里程碑版本并停止开发的时候了。这个里程碑版本就是一段时间内提供给目标用户使用的默认版本。当该版本虚拟世界提交给用户使用时，你应当继续收集虚拟世界及课程活动支持课程设计目标程度的数据。这些数据可作为另一轮虚拟世界修正的基础，以生成后续投入实践的里程碑版本。关键一点，一旦团队确定完成里程碑版本，就应当在一个特定时期内“一成不变”。这也就意味着有什么新想法或是要修改虚拟世界，只能等到这段时间过去以后再进行。遵循这个规则能阻止开发陷入不断修改永不休止的怪圈，有助于避免严重的使用问题。

结论

虚拟世界的开发是富有挑战性的、困难的、耗时的……而且也有难以置信的快乐。看着你作出的设计选择、认真思索过的理论以及你设计的课程在虚拟世界中生动地呈现出来，将是一次奇妙的体验。本章中，我们对创建虚拟世界的开发过程只进行了非常基本的概述。我们仅涉及了客观事实。从教育的视角真正深入探讨开发过程的所有重要方面，需要写一整本书(嘿！这是个好主意……亲爱的编辑！)。但通过这个概述，你可以起步。我们希望你能够跟我们一样去享受从设计到亲身体验虚拟世界的全过程。

测试你的理解

1. 一个开发团队中需要的最少人数是多少？ *185*
2. 开发团队中教学设计人员的角色是什么？
3. 实施 α 测试最主要的原因是什么？试测呢？二者之间的差异是什么？

学习活动

1. 根据你所处的环境，(在纸上)汇集一下你自己的虚拟世界开发团队中可用的人员和资源。你有所需的人员了吗？如果没有，你该如何填充弥补？

2. 针对你的情况，写出开发步骤。开发有什么特别的挑战吗？如果有，你如何处理挑战？针对你自己的境况如何调整开发步骤？

3. 比较和对照几个开发工具。见 Unity，Second Life，Activeworlds(下面有相关链接)。

链接

不论商业还是教育，Unity 开发引擎是创建游戏和虚拟世界的旗舰。见 http://unity3d.com。

创建多用户虚拟世界，Second Life 是一个非常受欢迎的环境。它是一个相对容易上手的入门级虚拟世界开发工具，费用相对较低。见 http://secondlife.com。

Activeworlds.com 提供了和 Second Life 类似的多用户建造工具。对教育虚拟世界开发来说，Activeworlds 中的图形质量较低，但对开发的控制级别、部署，以及安全性方面都比 Second Life 要好。另外它比 Second Life 要便宜。见 http://activeworlds.com。

186

Academic Superstore 以较低的折扣提供 Unity 软件专业版的年度授权。见 www.academicsuperstore.com。

其他资源

如果你决定在开发工作中使用 Unity，网络上有很多优质的教程资源，社区支持以及多媒体资源。其中一些如下：

Unity 社区：一个电子公告板，Unity 用户可以在这里分享信息、教程和资源。见 http://forum.unity3d.com。

Unity Answers：有关 Unity 使用的用户对用户的 Q&A 站点见 http://answers.unity3d.com/index.html。

Design3：收集了非常好的 Unity 教程。需要每月投递见 www.design3.com/unity。

Buzz3d：收集了很强的 Unity 教程。部分免费见 http://www.3dbuzz.com。

Goldstone, W. (2009). Unity Game Development Essentials. 见 http://www.amazon.com/Unity-3-x-Game-Development-Essentials/dp/1849691444.

Creighton, R. (2010) Unity3D Game Development By Example. 见 http:/www.amazon.com/Unity-Development-Example-Beginners-Guide/dp/1849690545/ref=sr_1_1? s=books&ie=UTF8*&qid=1423773228&sr=1-1&keywords=vnity+3d+game+development+by+example.

187

第十一章　多种情境下虚拟世界的部署与评估

简介

你也许会问，为什么在关于设计用于学习的虚拟世界的书籍中，会有一章介绍部署与评估。通常，在目标用户部署虚拟世界前，应完成设计过程。另外，大多数情况下，如果进行评估，那么评估实施是否成功的过程通常是事后的。然而，由于部署与评估程序极有可能严重影响虚拟世界的设计，因此我们建议在用于学习的虚拟世界的设计过程中应该全面考虑部署与评估程序。

因此，本章将从设计过程中如何思考部署与评估的视角，介绍这两个程序。什么是部署以及什么时候真正开始？各种情境下的学习的部署过程有什么不同，例如，正规教育、非正式学习和教育研究？什么使评估独立于部署，以及为什么评估对设计与开发如此重要？具体到虚拟世界，形成性评价与总结性评价的主要区别是什么？

部署

究竟什么是部署？就本文的目的而言，下面的定义能够非常好地阐述：部署是软件应用程序设计与开发的一个阶段，软件应用程序按照预期，也就是当初的设计，发布给目标用户使用。说到设计与开发，部署与设计、开发有什么不同？设计是针对出现的问题制订方案的过程，开发是实现计划方案的过程，部署即尝试解决方案是否能够真正解决问题。因此，希望你有需要解决的问题。

188

现在你或许已经猜到，只有设计与开发阶段完成后，才会开始部署过程。通常，确实如此。然而，从全局来看，设计过程不会真正完成，部署仅仅是设计的另外一个阶段。不过，从技术上讲，当向公众发布应用程序的稳定版本时，应用程序的部署过程就开始了。开发到部署的过渡期通常涉及一系列的测试阶段（α测试和β测试），正如图11.1所示。

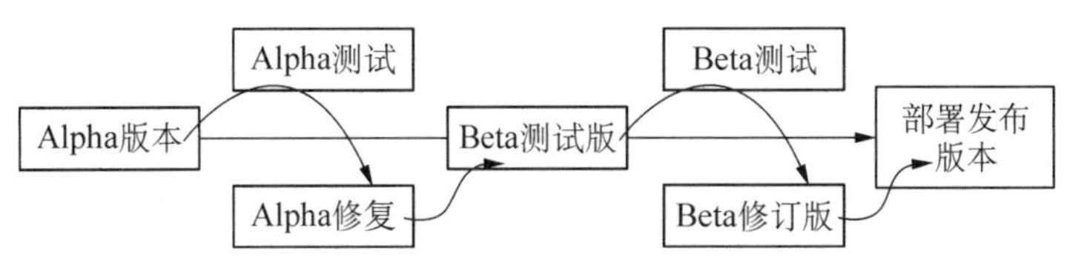

图11.1 从开发到部署的过渡期

正如我们在关于虚拟世界开发的章节中提到的，α测试不止有一个操作取向，通常由开发团队和训练有素的专业人员进行，目的是发现应用程序中的缺陷。α测试完成后，开发者根据α测试人员的反馈，在发布β版进行β测试前，对应用程序进行最终修正。如果你不熟悉虚拟世界设计与开发过程，α测试似乎会必然成为障碍，从而会拖延开发时间。然而，α测试能够保证向目标群体发布同预期功能一样的虚拟世界。你肯定不希望由于软件故障使学习者无法参与。如果你的虚拟世界是获取的，而不是自己设计、开发的，你应该询问其开发者，以便了解每个备选虚拟世界α测试过程的细节。

β测试被认为是一个更加质性的过程，通常选取该程序目标群体中的一小组用户。完成β测验时，在软件程序“最终”版本获准公众使用前，开发者与设计者需要合作解决β测试人员发现的用户体验方面的任何问题。这里我们将最终用引号引起来的原因是，正如我们之前提到的，设计不会真正结束，任何软件程序测试后的版本都不是最终版本。相同软件程序的下一个版本可能都会经过β测试（以及潜在的α测试，视情况而定）。例如，Mozilla（www.mozilla.org）开发的火狐浏览器。当每个主要版本（1.0、2.0、3.0等）最终向公众发布前，通常都会经过β测试。

189

各种各样的情境

很明显，当完成设计、开发、α与β测试，或者作出收购决策时，等待结束应该进入部署阶段了，究竟如何开展部署过程，这完全取决于虚拟世界部署的学习情境。表 11.1 概述了部署过程，包括三种主要情境中的批准、支持、功能类别：正规教育、非正式学习环境（例如博物馆或课后辅导项目），以及实验室研究。

表 11.1　各种情境下部署的区别概览

情境	批准	支持	功能
正规教育	地区/学校	教师 技术人员	稳定版本 允许更新
非正式学习	项目组织方	行政人员 技术人员	稳定版本 期望更新
实验室研究	资金来源 大学、学院、系所等 人类研究对象审查委员会	合作者 技术人员	调查特定结构的不同变量 研究助理 个体实施时无变化

正规教育环境

在正规教育环境中，部署用于学习的虚拟世界，通常涉及如下一个或两个步骤：(1)将虚拟世界体验融入常规课堂活动；(2)专程到计算机实验中心。在任何正规环境中部署之前，你很可能需要得到区和/或学校管理人员的批准。当然，不同的地方对许可的要求存在差异。当在美国部署时，为了提高行政审批的概率，尽量适当调整虚拟世界的学习结果、目标及目的，从而与要部署的目标州组织缜密的年级教育标准保持一致。当在课堂内应用现成的商业游戏时，难以保证正式使用时与标准一致。如果你计划在全国部署虚拟世界，你应该熟悉共同核心州立标准计划（Common Core State Standards Initiative，www.corestandards.org），在美国，50 个州中的绝大多数已经通过该标准。目前，该标准仅涵盖语言、艺术和数学。

正规环境中部署虚拟世界涉及哪些人？正如前面所提到的，不同层级的管理人员必须给予批准，由于部署过程的持续性，学校层面的管理人员很可能需要给予决策层面上的持续支持。每所学校的教师需要理解虚拟世界（例如，意图和目标、标准一致性、对学生额外的益处等），实现“充分认同”，从而在部署时教师能通过额外的工作进行持续的支持（例如，评估和报告）。通常情况下，围绕部署过程创建教师材料作为针对特定程序的使用指南或支持系统是非常有帮助的。当然，在虚拟世界的设计阶段首先就应考虑这些材料的创建。

190

根据部署虚拟世界的地区、系统或学校特定的人员组织情况，我们需要一个或多个技术支持专家在部署过程中提供持续性支持。如果真是这样，最好在部署开始前直接与这些人员一起工作，讨论学校、系统或地区可能遇到的技术问题，例如集成网络安全方面，会不会禁止虚拟世界部署过程中进行的后台通信。与技术支持人员沟通越多，越有可能解决部署过程中对学习者体验造成不必要的中断的潜在问题。我们最不希望发生的是由于技术问题而中断学习。

最后，在正规环境中，学生是虚拟世界部署最重要的参与者。这些人甚至是技术应用于其中的主要原因，也应当被看作技术提升的主要受益者。如果他们没有积极参与到虚拟世界提供的学习场景中，不管是由于部署中的技术问题还是糟糕的设计，你肯定不希望出现这种情况。这也就是为什么 α 与 β 测试是设计与开发过程中重要组成部分的原因。设想为五年级学生设计的两个不同的虚拟世界 X 和 Y 中的固有的潜在差异。专业 α 测试人员基于对五年级学生交互视角的理解，对世界 X 进行了适当的 α 测试，并且通过对五年级学生适当的取样进行了正确的 β 测试。世界 Y 既没有经过 α 测试也没有经过 β 测试。两者都旨在结合五年级科学，涵盖整个学年的课内实验与课外研究。两个虚拟世界中哪个容易遇到技术故障？哪个更易于学生参与呢？当然，如果没有更多证据则无法判断，但是根据提出的假设情况，通常世界 X 能够更好地避免技术故障并维持学习者积极参与。

191

非正式学习环境

与正式环境不同，非正式环境中虚拟世界实现的学习通常不遵循任何典型模式。从技术上讲，任何学习情境中的任意虚拟世界，例如，任何年龄的学习者都可以在家中不受打扰地与虚拟世界（自愿地）进行交互。在许多情况下，真实学习是偶然发生的，也就是无意之间发生的学习。

然而，常见虚拟世界部署的结构化非正式环境包括：课后辅导项目，博物馆及科学中心的交互式展览空间，以及家庭中应用程序的个人使用。但是，越来越多复杂的虚拟世界充斥着网络，用户可以免费下载，任一虚拟世界很可能在以上三种环境中都会部署，或许是同一用户在不同时间不同环境中进行的。

Celestia（见 www. shatters. net/celestia），一款免费、开源、跨平台的星系探索 3D 空间模拟程序（图 11. 2）。周末母亲与女儿去当地科学中心发现了

Celestia 的乐趣，这使女儿非常兴奋，在接下来的一周里，女儿放学后都会到图书馆并投入到 Celestia 中，直到母亲来接她。然后，母女俩可能会将 Celestia 下载到家用电脑中，在那周的某个夜晚，晚饭以后女儿与母亲分享她的进步。

图 11.2 Celestia 虚拟世界程序中木星景象截图

非正式环境中谁参与虚拟世界的部署？很明显，这在很大程度上取决于非正式环境本身。在家庭中使用，或许只有用户（也许是父母）支持虚拟世界的部署。在课后辅导项目、博物馆和科学中心，某种形式的行政支持是必要的，同时由专门的技术人员提供技术支持也是可能的，这两个因素都取决于特定组织或项目的大小及结构。任何情况下，为非正式环境设计或获取虚拟世界时，需考虑的最重要的事情是这些环境中支持人员在技术技能方面所固有的巨大差异。因此，通过整合某种形式的周密支持系统，为虚拟世界部署支持人员排除故障、提供渠道，是一个相当不错的主意。存在多种形式的支持系统，例如下载文件（安装指南和用户手册）、维基百科（其他用户贡献的内容文件），或者基于网络的论坛，社区用户可以在此讨论关于虚拟世界机制的任何问题。例如，Celestia 用户在相关技术论坛中表现非常活跃（见 www. shatters. net/forum）。顺便说明一下，你或许认为这种支持系统对正式教育环境中部署虚拟世界同样便利。

192

193

如果不是自己设计与开发虚拟世界，而是选择已有的虚拟世界，在决策过程中需要考虑该虚拟世界是否存在坚实的支持系统。当设计与开发新的虚拟世界时，是创建基于网络的复杂的支持系统，还是附带简单地随同虚拟世界一起打包的文件，这取决于虚拟世界部署的规模。部署环境的数量及种类越多，越需要基于网络的复杂的支持系统。

在非正式环境中部署虚拟世界，需要考虑的最后一个问题是，即使在最结构化的非正式环境中，你绝不能指望受众像正式环境中那样持久地使用与参与。试想一个有16个学习场景的虚拟世界，希望学习者每周完成一个学习场景，为期16周。在正式环境中，学生更有可能出现在学校中参与课堂或实验室中的相关学习，因此这种部署进程也就更为可行。

实验室研究环境

无论设计、开发还是直接获取部署在可控实验室中供实验研究的虚拟世界，需要考虑的基本问题是开发（或修改已有虚拟世界）与部署起点之间明显界限的必要性。最可能的情况是，如果你在这样的环境中开展研究，将会分析人们在控制一个或多个变量时学习结果的变化趋势，以及不同虚拟世界版本中学习结果的变化趋势，并期望发现显著相关，以支持与一种或多种相关的因变量与自变量的研究假设。如果这是你期望的研究方法，那么你必须完全避免在为特定研究收集数据时修改虚拟世界，以防止在样本数据中无意间引入一个或多个无关变量。如果由于部署过程中修改了虚拟世界，导致用户在虚拟世界中的体验发生了变化，那么你可能就无法使用收集的数据对参与者进行有效比较，实验将会失败。

当考虑为实验研究部署虚拟世界的时间表时，非常有必要说明资金审批、人类研究对象的审查及参与者招募所需的额外时间。当设计与开发自己的虚拟世界时尤其需要说明。通常，即使在实验室环境中，要获取支持大规模部署的所需资金数量，也需要虚拟世界成功试点的证据。此外，在大多数情况下，在获得人类研究对象审查委员会审批前，必须完成虚拟世界部署的最终有效版本。 *194*

假设一切进展顺利，而且部署在按计划推进，那么谁会参与部署大学实验室环境中的虚拟世界？在大多数情况下，首席研究员（PI）（如研究项目的负责人）是主要的决策者，如果实验室环境遍布多个区域，或许还有一个或多个合作研究员（Co-PIs），每个人负责一个区域。根据实验室人员的不同层次，或许需要一个或多个博士后研究员或高级研究助理负责部署（如后勤与参与管理等）。技术支持人员可能需要对虚拟世界进行技术支持，但很多时候这些职责也属于博士后研究人员或研究助理。通常，一个特定的虚拟世界的设计、开发和部署都是在机构内部进行的，甚至仅凭一人之力。即便如此，在设计与开发的初始阶段充分考虑大规模扩展的可能性，也是非常重要的。

测试你的理解

1. 我们已经介绍了有关虚拟世界的三种主要部署环境。你能想到任何正式、非正式或实验室部署场景中，我们遗漏的特定问题吗？

2. 你能想到更多适于这三种场景的部署问题吗？你自己的部署场景与这三种有什么相似及不同之处？

3. 考虑在商业及工业场景中，实现在职培训的虚拟世界的固有差异是什么？针对每种场景，哪些人会参与其中，以及何时、何地、如何才能真正部署？不同的医药领域会怎么样？军事培训中又如何？

4. 你能想到可能需要在部署过程中特别注意的其他不同的情境或场景吗？在任何情况下，无论实现虚拟世界的具体场景细节是什么，为学习部署的每个虚拟世界都应被正确评估。

195

评估

评估的总体目标是什么？当设计用于学习的虚拟世界时，评估通常有两种形式。第一种形式涉及设计与开发虚拟世界，评估是对软件应用程序的质量及相关用户体验的调查过程。第二种形式关注学生学习，这种评估方式已在其他两章阐述过。尽管对于产品（虚拟世界）独立而专门应用于其上的评价，其重要性与虚拟世界中对于学生学习的评价不可相提并论，但仍需谨慎对待并确保采取适当程序：当进行任何形式的评价时，你必须通过可靠测量工具收集证据，并使用这些证据作出有效的评价判断。

本章该部分将特别关注虚拟世界及相关用户体验的正确评估，特别是两种主要的评估类型：形成性和总结性。简单来说，形成性评价的目的通常是通过持续迭代的设计与开发，改善应用程序。形成性评价通常涉及设计者、用户、管理人员和其他直接影响软件应用程序部署的关键利益相关者。与形成性评价不同，总结性评价的目的通常是帮助一个组织对给定的软件应用程序作出最终接受(或拒绝)的决策。总结性评价通常涉及管理人员、选定的部分用户，以及其他受影响的利益相关者。在理想情况下，无论是形成性评价还是总结性评价，都应包含独立的项目评估人员。实际情况是，对于你的虚拟世界项目来说，这个评估过程很可能就是由你或团队中的其他成员来开展。在任何情况下，都需要一个彻底的评估。良好的形成性评价程序造就更好的虚拟世界设计(以及更好的用户体验)，良好的总结性评价使得虚拟世界能够在作出决定的组织内更好地被长期部署。

丰富的纸质和互联网资源，有助于在多种境脉中全面地理解形成性评价和总结性评价。在此，针对用于学习的虚拟世界的部署，我们聚焦于形成性和总结性评价的程序要素。作为两种评价类型的程序要素的基础，我们来看看 Fournier (1995)有关评价的一般逻辑，其中包含四个基本步骤：

1. 建立价值评判指标；
2. 创建标准；
3. 测量绩效并与标准进行比较；
4. 综合并集成数据，形成价值评判。

简言之，建立价值评判指标涉及评价维度的决策。标准的创建涉及评估对象(evaluand)(需要评价的东西)在每个评估维度中的具体表现。测量和比较绩效的过程即收集评估对象证据的过程，从而能够根据已创建的标准对评估对象进行绩效评估。最后，数据综合、集成和价值评判的过程涉及基于步骤 3 为评估作出评价判断。 *196*

随着我们对虚拟世界部署的形成性和总结性评价讨论的不断深入，我们将再次使用 Celestia 作为例子，因为它可以在前面讲过的三种不同环境中部署：正规教育、非正式学习，以及实验室研究。事实上，在我们探讨两种类型的评估时，你可能想下载免费的 Celestia 应用程序作为具体的例子来使用(见 www.shatters.net/celestia/download.html)。让我们从形成性评价开始。

虚拟世界部署的形成性评价

为了详细分析形成性评价的过程，我们将继续通过指标、标准、测量和综合这四个逻辑评估步骤，聚焦每一步的具体语境（pragmatics）。我们将通过简要讨论形成性评价中涉及的不同参与者角色跟进这四个步骤。本节最后将讨论为什么任何虚拟世界在设计开发过程中都需要考虑形成性评价。

指标

在形成性评价中，至少必须考虑两套不同的指标：直接用户体验（或 UX）和虚拟世界部署的整个过程。通常情况下，评估 UX 包括以下指标：实用性、可用性、刺激性、价值性和艺术性。

实用性指标即虚拟世界的功能是否有用并达成部署的目的。正如你看到的，在形成性评价中，UX 和部署过程存在部分重叠。在 Celestia 中，主要的目标之一是使用户能够飞行到特定地点，自由探索已知宇宙。系统功能（如勘探飞行控制）是否适用于达成这个目的？

可用性关注在虚拟世界标准的系统运行方式中，能否轻松并有效地完成用户所要求的任务。你发现在 Celestia 中能轻松完成宇宙探索任务吗？你会说那也是一个高效的过程吗？

197

刺激性关注用户对虚拟世界的交互感知是否鼓舞人心（用学术术语来讲，就是激发动机）。当与 Celestia 交互时，系统功能能够激发你进一步探索太阳系和已知宇宙吗？为什么能或为什么不能？

价值性即用户是否觉察到虚拟世界对自身需求的重要性。换句话说，用户认为使用虚拟世界是有意义的，还是浪费时间？在科学教育（或非正式科学学习）的范畴内，Celestia 有多重要？这种看法会随使用范围的狭窄（如天体物理学的学习）或宽泛（如日常生活）而改变吗？

艺术性指标是关于虚拟世界对用户是否具有强大的视觉吸引力，并在感官层面上积极地参与其中。这或许是值得你认真思考的一项硬性指标，能够为更好地理解用户体验的质量提供有益参考，尤其对于 Swink（2009）在关于“游戏感”（game feel）一书中提到的游戏型虚拟世界。Swink 写道，游戏感包括三个交互部分：实时控制、仿真空间和精良程度。从本质上讲，较好的游戏感可归结为用户—世界交互细节的高逼真程度，能够模仿真实世界中的交互，面向用户进行实时模拟。当你飞越 Celestia 时，感觉如何？

形成性评价的第二套指标涉及特定情境中虚拟世界部署的具体过程。

Russ-Eft 和 Preskill(2001)提出了一系列问题,可以作为任何部署过程中形成性评价的基础。存在部署的障碍吗?如果是这样的话,具体是什么?例如,部署过程中使用的计算机能否满足成功安装并运行 Celestia 软件程序的最低硬件标准要求?若已达到最低要求,但 Celestia 能在计算机上顺利运行吗?

在有或无障碍的情况下,有效的部署策略是什么?如果在部署环境中,确实存在安装与运行 Celestia 的障碍,如何才能有效克服?中学生需要以小组形式在计算机实验室的单台计算机工作站上,轮流"操作"Celestia 进行探索吗?在博物馆室内安置一个计算机站亭能够更好地鼓励学生持久使用 Celestia 吗?

部署过程中所涉及的工作人员是否已做了充分准备?例如,教师是否要在学生之前使用 Celestia 探索宇宙?通过教师引导成功操作 Celestia 是否是部署过程的有益补充?在特定部署环境中,技术人员必须提供多少技术支持?例如,如果 Celestia 应用程序在探究体验过程中崩溃会发生什么?

198

一旦部署,过程中的哪一部分能正常运行,哪一部分不能?这个问题包罗万象。当然,每个部署场景都应具备与其角色相关的语句(pragmatics),因此,针对部署中所扮演的角色而设置额外的指标非常重要。例如,在特定教育环境中,Celestia 部署的形成性评价的附加指标是什么?你肯定马上会想到要额外关注可访问性。

说到语用学,我们已经在上面如正规教育和非正式学习环境等不同情境中提及。当然,无论是正规教育、非正式学习、实验室研究、商业、工业还是政府,指标必须反映部署情境的语用学含义。情境如何影响用户体验的指标?刺激性和艺术性对正规教育环境的影响是否与非正式学习环境一样大?在部署过程中,情境如何影响障碍、有效策略,尤其是工作人员准备方面的指标?试想在科学教室、非正式环境如科学中心或博物馆、研究评估虚拟世界学习创新技术的实验室部署 Celestia,其指标的差异是什么。在任何情况下,永远记住:建立评估指标的过程是你定义评估维度的机会。一旦你定义了评估维度,然后就可转移到为这些指标制订标准上。

标准

一旦确定了评估指标,就需要为每一条指标定义和描述其质量标准的参数。换句话说,对于每条指标,质量的边界是什么?当你设置了最低和最高界限,记住建构标准包括判断评价主体在每个维度上的表现程度。记住，在这种情况下，你不是在评价学习者的表现(至少在学习结果方面)。在形成性评价中，你的两个评价对象是虚拟世界(用户体验方面)和部署过程。

对于用户体验而言，我们已经制订了有关实用性、可用性、刺激性、价值性及艺术性这些指标。每项指标的定性维度是什么，以及虚拟世界如何体现每项指标中质量的最低、中等和最高水平？例如，我们想一下刺激性指标，如果你已经忘记了，这条准则本质上指的是什么能够使用户感知到与应用程序交互是鼓舞人心的。如果你要制订 Celestia 用户体验这项指标的具体标准，那么其定性维度是什么？具体而言，使用 Celestia 的每个用户被激发的最低、中等及最高水平这三种程度的差异是什么？

199

由于实现过程所受到情境因素的影响比与软件应用程序用户体验所受到的影响更大，因此，部署过程指标的标准很大程度上取决于部署环境。记住，我们已经制订了评估部署过程的基本指标，即障碍、策略、员工准备和全方位捕捉“哪些可行，哪些不行”的指标。举例来说，试想在非正式环境中部署 Celestia，家庭中父子组合非正式地使用 Celestia。如何定义这种部署中的障碍维度呢？什么使障碍成为障碍？有些障碍比其他的障碍更糟糕吗？如果是，换句话说，为什么会这样，以及有多糟糕？一些实施障碍可能是家庭环境中的顽疾(例如，用户放弃尝试成功部署虚拟世界)，即使有些可以很容易被克服。对于每个可能出现在部署过程的重点障碍都应该被定义其“障碍严重度”的范围(没有更好的词)，这些障碍难以克服之程度范围可以定义为这条指标的界限。

考虑非正式环境中的 Celestia，想想其他实现环境(例如正式教室、实验室研究、商业、工业或军事训练)的语用学如何改变用户体验和部署过程的评估指标的形成方式。你的虚拟世界如何？它和 Celestia 有什么相同及不同，这些差异如何影响评估标准方法？当然，一旦形成标准，你应该记住如何根据已有标准测量评估对象和部署评估。所选的测量方法也许会影响评估每项指标的标准形成方式。

200

测量与比较

记住，评价的这个阶段为了给评估对象的绩效评定等级，并与标准的等级进行比较，或与类似绩效的其他评估对象的等级比较，聚焦于收集(通过绩效测量)

基于标准的评估证据。即使前面的章节聚焦于有关学习构念的评价、评估与测量，这些章节可作为收集比较评估对象的用户体验和部署过程标准的基础。对于这个问题，这些章节也能够起到综合与判断的作用，而且我们很快就可以进入这个阶段。

如果已经制订了指标与标准，你需要制订比较评估对象的测量策略。对于用户体验，经常使用自我报告和“出声思维”的方法，这些评价方法是否可靠有效并满足你的需要，这由你来决定。你需要通过点击流数据（例如，当学生与虚拟世界交互时，自动记录数据），甚至生物反馈，例如脉冲监测或姿势转移测量等直接测量评估对象吗？从另一方面讲，在你的形成性评价的过程中，虚拟世界用户是否足够准确地进行了自我评估，从而为你的有效评估提供了可靠证据？如果没有，你如何运用合适的直接测量技术？

道理同样适用于部署过程的测量。学生访谈能否提供所需证据？外部观察者是否需要实时记录部署过程中的优势、劣势及其他细微差别？试想另一个在五年级教室里部署 Celestia 的例子。在教室后面有两台计算机工作站，可进行“自由学习”体验，其中包括使用 Celestia 进行宇宙的开放探究。这个年龄段的学生是否能够对用户体验和部署过程中的构念进行正确的自我汇报？你需要考虑如社会期望（还有其他一些）之类的心理现象，还有，从用户体验角度，让学生比较自由地玩电脑游戏和坐在桌前专心致志地听报告或演讲的差异。很明显，这个过程的许多用语会根据具体情境的需求有所变化。同样，如果你从用户体验和实施过程的角度重新阅读前面的测量与评估章节，使用已讨论的指标与标准，你应该能够整合一个相当全面的符合特定需求的测量方案。接下来，开始综合与评判。

201

综合与评判

记住，评估的最后一个逻辑步骤，数据综合、集成，以及价值判断，这包括使用对测量证据的比较对评估主体作出价值评判，而这些证据是作为前一个逻辑步骤的结果而收集的。当你在为 UX 和虚拟世界的实践过程设计你的形成性评价计划时，你必须仔细思考所有评价实践：谁、什么、何时、何处、如何。

准确来说，综合和判断证据如何以及何时出现，对于形成性评价来说非常重要，因为从评价判断得到的大部分结果将直接（希望是）而且是立即用在虚拟世界的迭代设计和开发上。因此，对于任一虚拟世界在任何实践上的持续改善来说，在评估的逻辑流中将第四个步骤的逻辑流水线化是最重要的事情。对于Celestia，你能根据前面描述的三类使用环境想出具体例子吗？针对你自己的虚拟世界，在你的具体情境下又该怎样呢？在军事训练情境和公司情境中，形成性评价的综合以及评判的方法又有哪些主要的区别呢？

参与者

对于任何虚拟世界的部署，形成性评价都要包括哪些人呢？根据部署环境的不同，会有各种各样的人参与其中，一般来说应该包括四方面的人员：设计者、管理者、部署参与者，以及至少一位独立评估者。在形成性评价的过程中，设计者应该至少保持积极的作用，因为他们会采用评估结果并改善虚拟世界，当然，这要与开发者一起合作才可以做到。这里要加一个注脚，假设你是设计者（或者是设计团队的一员），与评价过程中心保持适当的距离是非常必要的，因为评估主体（虚拟世界）是“你的孩子”，所以说，你很可能成为形成性评价过程中偏见的最主要来源之一，尽管你的意图总是好的。

至少应该包括一位组织或机构中支持部署的管理者（例如学校校长、博物馆总监，或是公司培训总管），以帮助收集和组织相关的证据，或是作为内部的协调者针对证据收集的内部障碍并提供帮助，例如，协调日程表，访谈在课堂中部署虚拟世界的教师。在形成性评价过程中，部署的参与者是那些最直接地参与部署的利益相关者，例如，虚拟世界的用户、教学者、技术支持员工，如果用户是未成年人，甚至可能是其父母。

202

最后，形成性评价应该尽可能由一位独立评估者进行操作。不但形成性评价过程及其本身是一份重要的行政工作，而且如果能有一位独立评估者参与进来，也更可能保持没有偏见的评价方式。也许你已经发现了，一般来说，考虑到形成性评价过程的程序管理所需的付出，也因为一个无偏见的、与虚拟世界不甚熟悉的第三方必须要高效且有效地工作的事实，在虚拟世界的设计环节中就应该对形成性评价有所思考。

设计思考

之所以在任一虚拟世界的设计以及开发阶段就应该开始思考形成性评价，主要是为了在评价过程中执行更高效、更有效的数据测量。数据处理不当的可能性也许会很高，这取决于评价过程中所遵循的测量和评价的方法论。随着嵌入式测量技术变得愈发精细，能够收集到的实时数据的数量也越来越大，这些数据可在与 UX 以及部署过程因素相关的指标上派上用场。作为着眼于通过设计的迭代循环来改善虚拟世界的设计者，最后一件你需要做的事情是，当你那些友好的评估者根据已有的指标对评估主体的价值进行综合以及判断时，让他们能够"在数据中畅游"。

考虑下面这个例子，修改后的一版 Celestia（记住，它是开源的！）在当地一个科学中心投入使用。修改的内容包括特殊的附加脚本（见 www. celestiamotherlode. net/catalog/scripts. php），这是为科学中心特别开发的，这样它们就可以突出太空探索这一与科学中心所服务的当地人群相适合的主题。为了评价 Celestia 这一修改版本的部署过程，你打算对两类数据进行比较，一是（由博物馆讲解员操作的）出口处的简单访谈，记录青少年参观者对访谈所提问题的回答，二是用户在博物馆的某个站亭操作软件时所捕获的实时点击流数据。

为了更加高效地比较访谈回答与用户数据，也许更好的方法是将收集回答的过程流水线化，用数字格式直接储存在服务器上，并且要与所收集的用户交互体验数据流保持相同的格式和位置。这样至少可以在数据管理环节减少两个人工步骤：人工收集以及将访谈回答输入数据库，同样也减少了很多人为失误，站亭开放时段对志愿者的需求也是如此。当然，事情总是有优点也有缺点。从评价过程中去掉志愿者访谈步骤的一个缺点是，很可能有更多的用户直接路过站亭而没有填写所要调查的问题。

203

对于这个问题，也有折中的办法，如果博物馆的志愿者使用与站亭无线同步的平板电脑来进行出口处访谈的话，就可以不动声色地将游览者的回答（由志愿者输入）和他们刚刚在站亭里使用 Celestia 的经历结合起来了。当然，设计和开发这样的一个系统，必须和用来修改 Celestia 脚本的设计与开发保持一致，因为两个应用之间会进行交互以确保回答和点击流数据的同步。

正如你所见的，一个看上去简单的例子可以变得非常复杂，这也就多了一个理由让我们在设计与开发虚拟世界时应该持续地思考形成性评价。想想你自己的部署环境以及在评价过程中的细微差别，如果在设计早期就开始进行思考，那么这些都将会更高效、更有效。最后一点：评估过程越是高效且有效，对于参与者来说就越是不会注意到被评价，这也意味着，他们能够更充分地参与到评估过程中去。

这样，我们就已经介绍了形成性评价的四个逻辑步骤。让我们来看看总结性评价吧。

虚拟世界部署的总结性评价

与前面介绍形成性评价相同，在我们深入到总结性评价中时，我们将按照评估的四个逻辑步骤逐一进行：指标、标准、测量和综合，具体着重于每个步骤中包含的语用学。在介绍完四个步骤之后，我们将会简单地讨论一下总结性评价中的不同参与者。这个章节将会以对总结性评价的思考为何要贯穿在虚拟世界的设计与开发阶段的讨论作为总结。

指标

将 UX 的指标包括在对虚拟世界的总结性评价中是可行的，但如果是这样，我们的目的便不是改善这款软件应用。记住，总结性评价的预期结果是对评估主体最终采纳/否决的判断。因此，由于 UX 评价主要是为了改善设计，似乎永远不适合出现在总结性评价中。然而，如果行政决策者将 UX 因素视为采纳/否决决策过程中的一环，那么 UX 的指标就确实应该被包含在总结性评价的维度之中。对于这些指标的具体内容，请参照之前关于形成性评价的章节。

204

对在部署过程中的总结性评价本身来说，Russ-Eft 和 Preskill 曾在 2001 年强调过，在总结性评价的进行过程中确实有四种不同的形式：监督(monitoring)、结果(outcome)、影响(impact)和绩效(performance)。监督评价是对部署中道德的思考，例如，虚拟世界的部署是否会以某种方式侵犯用户的权利。例如，如果一款软件应用以不安全的方式收集了每个用户的身份数据(作为登录的环节之一)，那么这里便潜伏着身份被盗这一问题。或者，如果规定员工们在无薪时间参加公司培训，这也许是、也许不是一个道德问题，主要取决于当时的情境。

结果评估是关于学习的。在任何教育场景：正式、非正式，或是培训，很明显，在学习者使用应用软件时，学习是否发生这一因素对于这款应用软件的继续被使用来说至关重要。当然，学习指标方面的利害程度在不同的情境中变化很大(例如,急救培训 vs 非正式偶然学习)。结果评估也许可以归类到影响评估中,影响评估是从一种整体的角度去理解任一部署带给参与者的全部影响。某一部署给参与者带来的影响在学习之外还包括情感因素(例如情绪方面),同理也包括一个人使用软件时所获得的次级或周边收益。通常来说,影响评估是一种大概的比较,主要是围绕着学习者所得到的实际收获的实践方式和得到了相同收获但学习环境中并不包括评价主体的方式,当然,在后者中学习者可能有所收获也可能没有。例如,当学生阅读关于太阳系的图文并茂的文本时,或是与一个二维的多媒体应用软件交互时,与他们使用 Celestia 相比能够获得一样的学习结果和相同的情绪体验吗?

最后,绩效评估主要是指对评估结果的全面的文档记录,在这个例子中就是部署过程。一般来说,文档由评估的三个方面组成:过程、输出及结果。也许你已经猜到了,过程是指部署过程中出现在用户和虚拟世界之间的各种活动。输出是指作为部署环节的一部分送达给用户的产品和服务。结果是指具体的结果,即在部署环节中产品和服务送达之时以及之后用户与之交互时的体验。你能想出具体的例子吗,在之前描述的 Celestia 由一对亲子组合用户随意在家里使用的情况中,过程、输出和结果应该作为绩效评估的一部分而被记录下来的例子?在任何情况下,绩效评估固有的文件记录过程在任一总结性评价过程中至少应该要有一个基本的呈现。进一步来说,不考虑情境的话,典型的总结性评价应该包含上面所描述的四类评价的某种结合。在不同的情境之中,对于监督、影响评估,或是结果、绩效评估,强调哪些方面,要依据有采纳/否决权的决策者的独特要求。

205

在所有类型的总结性评价之中,Russ-Eft 和 Preskill 在 2001 年提到了几个确定评估维度时驱动指标选择的问题。部署的目标和结果是什么?继续来看这个在家里随意使用 Celestia 的例子,当这对亲子组合用户使用 Celestia 时,目标和结果可能会是什么?在大多数的总结性评价中都会用到成本效益分析:Celestia 的部署与相关成本匹配吗?记住——要考虑的成本不仅仅是经济上的。例如,Celestia 软件应用是免费下载的,但是安装软件所花费的时间和精力(以及很可能会出现的故障排除)是另外一种独立的成本。如果亲子组合想要安装 Celestia 的电脑达不到软件要求的最低配置,升级电脑将会花费额外的时间和精力，经济成本也是如此。当然，对于收益的考察必定同时伴有成本问题。在参与部署之后，用户会获得什么样的收益：情感上的、知识上的、经济上的，等等？这些次级收益，作为参与部署的结果，用户能够获得吗？亲子组合在家中操作Celestia时会收获什么呢？一个明显的收益是便捷，能够在自己舒适的家中操作Celestia。

另一类普遍的问题是关于部署的可拓展性，过程可以复制到其他地方吗？不同地理区域、使用不同语言、有不同文化背景的Celestia用户能够获得相同的体验吗？那么不同社会经济背景的用户呢？技术悟性程度有极大差别的用户呢？软件部署中拓展性的每一个因素都有其或多或少的重要程度，当然，要依据每一种总结性评价的具体情境而定。

还有两类问题，一般会出现在更加专业或是商业的部署过程中。第一，虚拟世界是一款有生命力的产品吗？然而对于任何应用软件来说，对产品生命力的研究，软件本身也许看上去是评价主体，事实上评价过程也是评价主体，但是评价过程的某类结果，例如，拓展性，可以当作指标，即将虚拟世界作为产品对其生命力作出判断。第二，在给定的专业或是工作环境中，部署是否能带来生产力的改善？当然，我们可以得出这样的结论，对于任何在课堂环境中部署的虚拟世界来说，生产力是其期望结果，但是这个问题一般来说是指与商业和工业相联系的传统类型的生产力。

206

到此让我们回顾一下进展，我们已经讲述了普遍会出现在总结性评价中的四类评估过程，然后我们探究了具体类型中的问题，这些问题的提出有助于形成总结性评价维度的指标。现在，来关注一下基于这些指标而形成的标准。

标准

记住，根据评估的逻辑步骤，标准的建构包括判断评价主体在为评估选择的指标而确定的维度上的表现程度。让我们来看看对这四类总结性评价中的每一类来说，这一标准建构过程是如何发生的。正如我们在形成性评价部分的做法，让我们来研究一下每类总结性评估中至少一条与之相关的指标的定性维度。对于每一条指标来说，虚拟世界的实践应该如何满足其最低、中等与最高的程度。

举个在监督评价中建构道德标准的例子，让我们再次考虑数据的安全问题。数据安全的最低和最高水平是什么？在任何情况下，维持用户私人数据安全的最低标准仍应该达到某一高度,但也许有些时候稍低的安全标准也是可以接受的。例如,当 Celestia 的实践是发生在如站亭这样的公共区域而不是私人家中时,数据安全的强度和一致性应该保持更高的水平。

对于学习的结果评估,在建构既定的学习指标的标准时,质量的最低和最高水平是什么?例如,用户在用了 Celestia 一段固定的时间后应该知道多少有关太阳系的知识?或是,从学习收获的角度来说,用户使用 Celestia 相同长时间后,关于太阳系的知识又提高了多少?对于在非正式科学中心的用户,学习收获的标准很可能要大幅度降低,他们使用 Celestia 的时间也许很少,这正好与我们钟爱的亲子组合相反,后者有足够的时间探究 Celestia 中大部分的课程。 207

对于影响评估来说,UX 指标在总结性评价中能够派上用场。考虑一下情绪体验的情感因素,在很多方式上都是与刺激效果的 UX 指标相同的。在参与虚拟世界的过程中,用户要体验多少情绪刺激呢?即使是 UX 指标,记住这是总结性评价,所以不会重新进行设计。因此,也许刺激的标准被设置得太低,尤其是如果刺激并非是用户继续使用这个软件的必备条件,例如,无论用户是否喜欢 Celestia,他(她)都必须使用 Celestia(也许是在正式教育环境)。很明显,这与理想的部署情境相差甚远,但这的确是现实。

最后,对于绩效评估,以及与评价相关的过程、输出和结果来说,建构标准时质量的最低、最高水平如何?例如,想一想在家中操作 Celestia 时也许会出现的一个过程:下载并安装附加脚本(和相关的素材文件),这样就可以使用"Cassini-Huygens Mission GT(提高版)"。在最低水平下,对于一个六年级学生来说,在他(她)的电脑上操作这一切,有多简单?对于父母来说呢?根据用户的年龄,标准是否会有所不同?

仍然需要强调的是,这四种评估类型的重要性在采纳/否决决策过程中会根据情境而有所不同。因此,在四种类型评估之上建立起的标准也许会根据给定场景的特殊之处而排列优先级。想一想,例如,在大学实验室研究环境运行改良版本的 Celestia。道德、学习、影响和绩效文档记录的优先级要怎样排布?理想中,部署过程中道德标准应该保持高优先级。根据所进行的研究的本质,学习或是影响的、标准的优先级也许会分出高下。然而,过程文档在研究过程中常常很重要,为了保证某种效度,过程、输出和结果的标准的优先级要低于道德、学习或影响。无论在何种采纳/否决决策的情境下安排优先级，当你在建立这些标准时，你应该一直留意你如何基于这些标准来测量评价主体，正如我们在形成性评价一节中讨论的。

208

测量和比较

为比较而进行综合和判断时，你的测量策略在为总结性评价和形成性评价收集基于标准的证据时有什么不同吗？在进行监督评价时，你应该测量何种证据来评价部署过程中的道德？你要如何测量这种证据？以 Celestia 为例，数据安全的哪些方面需要被测量？如何测量？何时测量？测量发生的频率又如何？证据贮存在哪里，以什么样的形式贮存？

再思考一下这样的一个影响评估，其关注的主要是参与者在虚拟世界的部署中得到次级或周边收益。如果要在采纳/否决决定作出很久之后，周边收益才能充分地表现出来怎么办？你会尽你所能收集证据，或是从评价中移除这些指标吗？当然，这要根据你的具体境况。在为虚拟世界的总结性评价精心雕琢评价计划时，要提出这几种类型的问题。

最后，对于绩效评估，让我们再次回顾一下在家中随意使用 Celestia 时下载和安装扩展 Celestia 附件脚本的过程。为了测量该过程的质量，你需要收集哪些种类的证据，又将会如何收集？你能想出来源于这一过程，可以作为证据的输出和结果吗？你将会如何测量输出和结果？如何贮存证据才会对过程、输出和结果的文档记录有所帮助并能够带来有效的综合和判断？最后，在总结性评价中，测量的主要目标是高效且有效地送达可靠的证据，从而为评估者减轻在综合和判断时的负担，这样他（她）就能够快速地给具有采纳/否决权的决策者送出高质量的建议报告了。

综合与评判

当你在撰写你的测量策略时，你应该为评价判断做些准备，这些评价判断需要通过综合及整合收集来的证据而作出，而这些证据是关于评价主体的价值评判，基于已有的指标而订立的标准。在进行总结性评价时，这个逻辑步骤的关键因素的事实是，这些评价判断原本预期直接生成报告，这些报告将会交给管理人员，以作出最终的采用/否决决定。因此，你应该着手建立一个数据综合和评价系统，使得评估报告的形成过程流水线化。

例如，再想一下 Celestia 的课堂实践。这次不是单在五年级课堂，而是在某学区的全部七所学校进行试点。设想你自己扮演咨询员的身份，受雇学校进行总结性评价，并为学校系统的督导起草一份最终报告。收集并综合基于标准的证据，而这些数据又是测量自七所不同学校的七个不同班级，这听起来简直像一场噩梦。通过适当的逻辑规划，情况就没有这么糟糕了。深入到用于任何一种类型的评价过程计划的细节中去，虽然这已经超出了本书的范围，但很明显的事实是管理计划应该就位。可进一步阅读有关该问题的文献，Russ-Eft 和 Preskill 在 2011 年所著的那本书的第十四章会是一个不错的开始。 209

参与者

对照形成性评价，虚拟世界的总结性评价通常不会将被评价对象的设计者包含在考虑范畴之中，因为总结性评价的结果不会引发重新设计。如此，一般来说，有三个方面应该会包含在总结性评价中：管理者、部署参与者和至少一个独立评估者。

与形成性评价相同的是，在决定哪些管理者和参与者应该被包含在总结性评价的过程中时，的确要取决于指标、测量计划，以及为了在具体情境中部署而出现的综合和判断过程。在任何情况下，包含一个独立的第三方评估者是至关重要的，尤其是在管理者决定否决被评价对象并且不再继续部署虚拟世界时，这一点怎样强调都不为过。选择否决永远不是一个简单的决定，如果设计者同时也是评估者，由于困惑评价是否以一种适当的客观方式进行，被拒绝的刺痛也许会扩大。换句话说，你也许不会知道是因为评估差强人意、存在偏见还是设计上比较薄弱导致了否决。如果你确定评估者是独立于设计者和部署者的，你就可以希望从平衡中消除偏见和差强人意的评估。如果很差的评估仍然出现，那么下次就不要再雇用这个评估者了。

设计思考

正如形成性评价一样，对于总结性评价的思考也应该贯穿于虚拟世界设计和开发的过程之中。前面形成性评价“设计思考”部分所提到的数据管理的思考在此处同样适用。在这些考虑之外，在设计软件应用时还需要给总结性评价多加一条：将评估报告的形成流水线化。思考一下你的虚拟世界可能会进行部署的所有潜在情境，再思考一下所有能够被包含在你的虚拟世界的各种 210

总结性评价中不同的参与者和管理者。他们应该如何在总结性报告中被联系起来?

最后一个警告:记住,尽管这些参与者和管理者所关注的不会是具体去改善你的虚拟世界的设计,他们也许仍然想提供对于改善你的虚拟世界有用的信息。因此,你应该想着在你的虚拟世界(或相关的网站)中部署某类措施,使得所有用户都能够提供反馈,越直接越好。确保设计反馈不会妨碍到整体经验和所产生的总结性评价。对于你的虚拟世界设计问题的直接反馈渠道这一措施能够确切地在某个实践的环境中为总结性评价赢得积极的分数,这一点是完全可能的。因此,包含这个选项不会有什么伤害。

正如你所看到的,在评价虚拟世界时,形成性评价和总结性评价之间有相当多的相同点和不同点。在任一情况下,主要应该记住一点:你在设计过程中花费在制订两种类型的评价计划上的时间越多,你的收益也越多。

结论

尽管关于部署和评价的大多数更具体的细节超过了本书的范围,但我们认为对于旨在用于学习的虚拟世界,为了恰如其分地聚焦于设计环节,全面地覆盖每个主题是必要的。因此,回顾一下,我们开始时对部署过程基本的综述,包括是什么和何时开始。接下来,为了对比,我们探究了三种部署的具体情境:正规教育、非正式学习环境和实验室研究环境。接着,我们转移到评估,从形成性评价和总结性评价的一般定义开始。我们还根据 Fournier 在 1995 年提出的评价逻辑步骤(指标、标准、测量和综合/判断),研究了 UX 和部署过程中两种类型的评价。

测试你的理解

1. 是什么将评估与部署隔开,为什么评估对于设计和开发来说如此重要?
2. 具体在虚拟世界中,形成性评价和总结性评价的主要区别是什么?

学习活动

1. 你的目标群体是在家使用 Celestia 的用户，内容是天文学入门。定义部署 Celestia 的目的和目标，以及用于这一部署的形成性评价的指标和标准，应包括针对孩子和成人的 UX。

2. 附加挑战，继续设计一份用于家庭中使用 Celestia 的测量和评价计划，这个计划要能够高效地收集基于标准的证据，并将之用于生成一份全面的评估报告，这份报告最终会交给 Celestia 设计者。

3. 思考一下你自己设计的虚拟世界的目标群体。基于与你的设计相关的领域，为虚拟世界部署至少一个目标群体定义目的和目标。为终结性终结创建一份测量和评价计划，并且注明任何能为你的软件应用的设计注入有效评估策略的技术。

参考文献

Fournier, D. M. (1995). Establishing evaluative conclusions: A distinction between general and working logic. *New Directions for Evaluation*, *68*, 15 - 32.

Russ-Eft, D. & Preskill, H. (2001). *Evaluation in Organizations: A systematic approach to enhancing learning, performance, and change*. New York: Basic Books.

Swink, S. (2009). *Game Feel: A game designer's guide to virtual sensation*. Boston, MA: Morgan Kaufman Publishers.

链接

Mozilla 基金会见 www. mozilla. org——来自网站："Mozilla 社区提供大量的软件，并会作为创新孵化器，以这种方式来完成我们建设更好的互联网的任务。"

共同核心标准，见 www. corestandars. org——来自网站："共同核心州立标准计划是一个国家主导行动规划，由全国州长协会中心最佳实践（NGA Center）212 和首要州立学校官员委员会（CCSSO）共同合作。这一标准是由教师、学校管理者和专家共同合作开发的，提供了一个清晰且贯一的框架，帮助我们的孩子为大学以及工作做好准备。”

Celestia Space Simulation 见 www. shatters. net/celestia ——来自网站："免费的太空模拟能够让你以三维模式探索我们的宇宙。Celestia 可以在 Windows、Linux 和 Mac OS 上运行。与大多数的天文软件不同，Celestia 不会将你限制在地球的表面。你能够在整个太阳系之中遨游，到达超过 100 000 颗星星，甚至到达银河以外。”

The Celestia User Forum 见 www. shatters. net/forum。

去哪里下载 Celestia 见 www. shatters. net/celestia/download. html。

Celestia 的插件（add-ons）（The Motherlode）见 www. celestiamotherlode. net。

其他资源

User Experience（UX）有许多不同的定义——这也是 UX 带来困惑的一个方面。然而，有很多不错的资源，能够让你找到许多关于这个主题的内容，例如：

- UX Magazine 见 http://uxmag. com。
- UX Myths 见 http://uxmyths. com。
- UX Booth 见 http://uxbooth. com。
- UX Matter 见 http://uxmatters. com。
- Game Feel 见 www. game-feel. com。
- ACM 人机交互特别兴趣小组见 www. sigchi. org。

评估过程是相当复杂的，但幸运的是有许多组织和同行评审刊物能够帮助你找到你的方向（再加上之前提到过的 Russ-Eft 和 Preskill 的文本），例如：

The American Evaluation Association 见 http://www. eval. org。

Evaluation at the Research Methods Knowledge Base 见 www. socialresearchmethods. net/kb/intreval. htm。

Evaluation（同行评审期刊）见 http://evi. sagepub. com。

索 引

A

Academic Superstore 186 （一家面向高校大学生、教师的软硬件公司）
accountability 78,79,159 问责
action-reaction sequences 55 - 6 操作-反应序列
Activeworlds 13,172,185 - 6 （公司名）
activity 78,81 - 6,118 - 21 活动
aesthetics 197,198 - 9 美学
affordances 7,75,77 给养（可视性、功能可见性）
agents, computer-controlled 93, 124; see also non-player characters 代理，由计算机控制的；另见非玩家角色
airplane cockpits 47,48 飞机驾驶舱
Alessi, S. 131 阿莱西
alpha testing 182 - 3,188,191 α测试
alternative scenario options 89 - 90 替代场景选项
Anderson, J. 13 安德森
Applied Research in Virtual Environments for Learning Special Interest Group (ARVEL) 147 虚拟世界学习应用研究特别兴趣组
artificial intelligence 93 人工智能
ARVEL see Applied Research in Virtual Environments for Learning Special Interest Group
assessment 96 - 113,148,165；评价
choice of constructs 101,102,111 - 12, 113；
decisions 151 - 3,156 - 9,165n1,195, 208；
definition of 96 - 7；embedded instrumentation 101,109 - 11；evidence and interpretation 156 - 8；implementation of measures for 163 - 5；learning-assessment-guidancee loo 159 - 61, 162；measurement distinction 97 - 9, 165n1；performance measurement 101,102 - 9；reliability and validity 101； tools 121；Weather Trouble 134,135,137；see also evaluation；measurement
atmosphere 20 - 1,28 大气层，大气
augmented reality 14 增强现实
authenticity 103,119,125 - 7,128 真实性
avatars 6, 38； customization of 144；feedback 55；navigation 30,51 - 2,54；tracking interactions with objects 104 化身
axes 19 轴

B

Barnett, M. 13 巴尼特
behaviorism 68 - 9 行为主义
beta testing 188 - 9,191 β测试
Blue Mars 121 - 2,129 蓝色火星
boundaries 19,27 - 8,31 - 3,74,88 - 91 边界
Bruckman, Amy 9 - 10 艾米·布鲁克曼
budgets 145 - 6 预算

bugs 26,183 漏洞

C

Celestia 84－5,86,191－2,196－209,211,212 克里斯提亚(一套天体软件)
Celtx 144,147 (一款剧本编写软件)
channels, global evidence 102－9 通道,综合证据
chat tools 39,40,123,125 聊天工具
children 125 儿童
choice, illusion of 89－91 选择,假象
clicksteam data 200,202－3 点击流数据
closed worlds 88,89－91 封闭世界
clouds 21,33 云
Cloverdale Virtual Watershed 109－11 Cloverdale 分水岭虚拟世界
cognitive processing 69－71 认知加工
Cognitive Theory of Multimedia Learning (CTML) 69－71 多媒体学习认知理论
collaboration 67,91－2 协作
collision 22 碰撞
Colossal Cave Adventure 8,9 巨洞历险
Common Core State Standards Initiative 190,211－2 共同核心州立标准计划
communication: chat tools 39, 40, 123, 125; measurement of 102－9 通信:聊天工具
compasses 53,55 指南针
computer-controlled agents 93, 124; see also non-player characters 计算机控制的代理
conditioning 68 条件反射
consistency of design 179 设计一致性
constructivism 65－7,117,121,124 建构主义
constructs, choice of 101,102,111－2,113 构念,选择
consumption 81 消费
content description 141－2 内容描述
content organization 140－1 内容组织
context 74－95; critiquing virtual worlds 118－21; learner population 86－8; learning 78－86; participant roles 91－3; subject domain 75－7; world boundaries 88－9 情境
controls 30,52 控制
Cooper, A. 88 库珀
cooperation 119,124－5,128 合作
coordinates 19,24,30,40 坐标
cost effectiveness 79,80,205 成本效益
criteria, evaluation 195,196－8,203－6 指标,评价
critiquing virtual worlds 117－29 考量虚拟世界
activities sitated in context 118－21; authenticity 119,125－7; cooperation 119,124－5; intentionality 119,127; knowledge building 119,121－4 情境活动
Cry Engine 2,121－2 (游戏引擎的名字)
CTML see Cognitive Theory of Multimedia Learning 多媒体学习认知理论
cultural factors 87 文化因素
curriculum design 130－47; alpha testing 182－3; behaviorism 69－9; constructivism 66; content description 141－2; content organization 140－1; cooperation 124,125; design document 131－2,145,169－70,175,177,182,183; instructional/training problem 132－4; justification for 134－5; learning objectives 137－8; proposed solution 134; quest/task descriptions 143; rules and rewards 143－4; storyboards 144－5; subject domain 74; target audience and instructional setting 136－7; timeline and budget 145－6; virtual world description 138－9 课程设计

D

Dalgarno, B. 66 达尔加诺
data collection 161 - 3,193,202 - 3 数据收集
data gloves 5 数据手套
data security 204,206,208 数据安全
data synthesis and integration 195 - 6, 201,208 - 9 数据综合与集成
Dede,Chris 62 克里斯·黛德
design 130 - 47；设计 alpha testing 182 - 3；behaviorism 68 - 9；constructivism 66；content description 141 - 2；content organization 140 - 1；coopteration 124, 125；definition of 188；design document 131 - 2, 145, 169 - 70, 175, 177, 182, 183；evaluation 202 - 3, 209 - 10；instructional/training problem 132 - 4；justification for 134 - 5；learning objectives 137 - 8；ongoing nature of 189；proposed solution 134；quest/task descriptions 143；rules and rewards 143 - 4；storyboards 144 - 5；subject domain 74；target audience and instructional setting 136 - 7；timeline and budget 145 - 6；virtual world description 138 - 9
"designed dissonance" 121,123,124 "设计的失调"
designers 68 - 9,172,201；设计者 see also instructional designers
development of virtual worlds 169 - 86；虚拟世界的开发 alpha testing 182 - 3, 188, 191；beta testing 188 - 9, 191；curriculum design document 169 - 70, 175,177,182,183
devmaster. net 41 （一个以掌握游戏开发技术为核心的网站社区）
directional sound 39 声音定向
"dissonance" 121,123,124 "失调"
driving 63 驾驶

E

Edison, Thomas 61 托马斯·爱迪生
education 10 - 4；教育 see also learning；science
environment 78,79 - 81 环境
epistemic gaming 7 认知游戏
ethical issues 162,204,206,207 道德问题
evaluation 96 - 7,148,149 - 50,165,187, 195 - 212；评估 additional considerations 155 - 6；assessment decisions 151 - 3, 159；assessment/ measurement distinction 98, 99；context decisions 94；criteria of merit 195, 196 - 8, 203 - 6；data synthesis and judgment 195 - 6, 201,208 - 9；design considerations 202 - 3,209 - 10；evaluation table 117 - 8；learning-assessment-guidance loop 159 - 61；measurement instrumentation 153 - 5, 163；participants 201 - 2, 209；performance measurement 195 - 6, 199 - 200, 208；reliability and validity 101；reports 209 - 10；standards 195 - 6, 198 - 9, 206 - 7；see also assessment；measurement
evidence 102 - 9,154,156 - 8,161 - 3,208 证据
experimental research 实验研究 see laboratory research environments
extensibility 205 可拓展性

F

feedback 54 - 6,210 反馈
Firefox 189 火狐(浏览器)
First - Person Shooter (FPS) games 6,7 第一人射击(FPS)游戏
first - person virtual worlds 6,29,38 第一人称虚拟世界

flight 30－1 飞行
flight simulation 48,83,84 飞行模拟
FlightGear 83 （一款飞行模拟器虚拟世界）
“flow state” 5 “心流状态”
flowcharts 140,143 流程图
formal education environments 189－91,193,198 正式教育环境
formality 78－9 正式程度
formative evaluation 195,196－203,211 形成性评价
Fournier，D. M. 195 福涅尔
FPS see First－Person Shooter games
functionality 27,48－9,196－7 运行方式
funding 80,165,193－4 资金

G

game designers 68－9,172,201 游戏设计者
game engines 41 游戏引擎
“game feel” 197 “游戏感”
game levels 34 游戏等级
geography creation 179－80 地形创建
geological formations 20 地质构造
geology 76 地质学
geometric forms 21－2 几何形状
global evidence channels 102－9 整体证据渠道
global settings 23 全局设置
gloves 5 手套
goals：behaviorism 68－9 目标：行为主义；constructivism 66；critiquing virtual worlds 118，119，123，124，127；curriculum design 130，131，137－8，169；pilot testing 183；rules and rewards 143；situated learning 63；theoretical mix and match 71
Google Streetview 82 谷歌街景
Google 3D Warehouse 174 （谷歌三维库）
graphic artists 173－4,182 图形艺术家
Graphical User Interface（GUI） 23，24，42－57；图形用户界面 definition of 18，42；development of virtual world 180－1；feedback 54－6；form 45，47－8；function 44－5，48；integration and separation 45，49；interactions 50－1；measurement using embedded instrumentation 109－11；navigation 51－4；organizational structure 140；participant roles 91；programming 182；Weather Trouble 178，179
graphics 121－2,178 图形
gravity 23,25 重力
GUI see Graphical User Interface
guidance 159－61 指导
guided constructivism 66－7 有指导建构主义

H

hardware 4，5 硬件
heads up displays（HUDs） 45,47,53,57 平视显示器
H. E. A. T. （Hazard Emergency & Accident Training） 129 H. E. A. T. （紧急突发事件、事故训练）
Hickey，D. 13 希基
horizons 31,32－3 地平线
“hot-spots” 54 “热点”
HUDs *see* heads up displays
human resources：assessment decisions 152；人力资源：评价判断 curriculum design 145－6；designers 68－9，172，201；development team 170，172－5，176，181－2；independent evaluators 202，209；laboratory research 194；measurement operations 154－5；technical support specialists 190，192，194

I

illusion of choice 89－91 选择假象

impact evaluation 204,207,208 影响评估
implementation 94,187－94；部署 barriers to 199；criteria of merit 197－8,205－6；definition of 187－8；formal education environments 189－91，193；impact evaluation 204；informal learning environments 189,191－3；laboratory research environments 189，193－4，207；measurement of 200；of measures for assessment 163－5；milestone versions 184；participants 201－2；performance evaluation 204－5；standards 199
independent evaluators 202,209 独立评估者
informal learning environments 189,191－3,198 非正式学习环境
informality 78－9 非正式
information：cognitive processing 69－71；信息：认知加工 consumption of 81；Graphical User Interface 44－5,54－6；production of 45；push－pull framework 44,49－50,52,54－5,56
instructional designers 172,174,176－7,182 教学设计者
instructional problem statements 133－4 教学问题陈述
instructional setting 136－7 教学环境（教学安排、教学布置）
instructors 92 教师
intentionality 119,127 意向性
interactions 81,83；交互 behaviorism 68；critiquing virtual worlds 120；Graphical User Interface 44,50－1；measurement of 102－9
interfaces 24－5；界面 *see also* Graphical User Interface
interpretation 156－81 解释
introductions，guided 141－2 介绍，指导的
inventory items 144 库存条目

J

Jameson，E. 13 詹姆森
Jonassen，David 117－8,119 戴维·乔纳森
Journal of Technology，Learning，and *Assessment*（JTLA）166 技术、学习和评价杂志
judgment of merit or worth 195－6,201,208－9 价值评判
juxtaposed worlds 35－6,37,40 并列世界

K

keyboard keys 30,52 键盘上的按键
knowledge：constructivism 65－6；知识：建构主义 knowledge building 119,121－4；measurement of 109；prior knowledge of learner population 87

L

laboratory research environments 189,193－4,198,207 实验室研究环境
LAG *see* learning-assessment-guidance loop lag 26 学习-评价-指导（LAG）循环
language issues 87 语言问题
learner population 74,80－1,86－8,94,164 学习者群体
learning 61－73；学习 assessment of 96,97－8，101，105－6，109，121，155；authenticity 125；behaviorism 68－9；cognitive processing 69－71；constructivism 65－7；context 74，78－86；critiquing virtual worlds 120，123；evaluation of outcomes 148，149－50，151，204，206－7；Graphical User Interfaces 45；as growth 154；informal learning environments 191；laboratory research environments 193；from mis-

takes 108; objectives 137 - 8; situated 63 - 5,118,121; socio-constructivism 67; subject domains 75 - 6,77; tools 121
learning-assessment-guidance (LAG) loop 159 - 61,162 学习-评价-指导(LAG)循环
levels 34 等级
libraries, digital 173 - 4,177,178 资料库,数字化
locally-based worlds 26 - 7 基于本机的世界
location tracking 102 - 9 位置追踪

M

maps 53,54,56,144 地图
Martian Boneyards 121 - 2,129 火星废料场
Massively Multi-player Online Role-playing Games (MMORPGs) 6 大型多玩家在线角色扮演游戏(MMORPGs)
Mayer, R. 69,70 迈耶
measurement 96 - 113, 153 - 5; 测量 assessment distinction 97 - 9, 165nl; choice of constructs 101,102,111 - 2, 113; design of measures 161 - 3; embedded instrumentation 101, 109 - 11; formative evaluation 199 - 200; implementation of measures for assessment 163 - 5; performance 101, 102 - 9, 195 - 6; reliability and validity 99 - 101, 164, 165, 195; summative evaluation 208; see also assessment; evaluation
milestone versions 184 里程碑版本
MMORPGs see Massively Multi-player Online Role-playing Games
mock-ups 144,145 实体模型
Mod DB 41 (最大的自由游戏开发联盟网站)
monitoring evaluation 204,206 监督评价
(multi-user dungeons, object oriented) 8 - 9,10 (面向对象的 MOOs)
MOOSE Crossing 9 - 10 麋鹿过街
motion tracking hardware 4 运动追踪硬件
motivation of learners 80 - 1,121 - 3 学习者动机
movement: Graphical User Interface 51 - 4; 移动:图形用户界面 tracking 102 - 9; see also navigation
Mozilla 189,211 (Mozilla 基金会,支持和领导开源的 Mozilla 项目的一个非营利组织)
multimedia 57,70,173 多媒体
multi-player virtual worlds 7; 多玩家虚拟世界 cooperation 124 - 5; participant roles 91 - 2; representative avatars 38; sound issues 38 - 9; world instances 37 - 8
multiple worlds 34 - 7 多个世界
Mumble 39,40 (一款语音会话游戏)
MUVEs (multi-user virtual environments) 10 - 14 MUVEs (多用户虚拟环境)

N

navigation 29,30 - 1,51 - 4,55 导航
needs analysis 88,94,95 需求分析
nested worlds 34 - 5,37,40 嵌套世界
networked worlds 37 - 9 网络化世界
networks 26,27,56 网络
non-linear gameplay 89 非线性游戏
non-player characters (NPCs) 64,140 - 1, 142,177,179,181,183; 非玩家角色 see also agents

O

objectivism 65 客观主义
objects 20,21 - 2; 对象"hot-spots" 54; interactions with 102 - 9,120; populating

the world 28, 29; programming 173; 3D object placement 179 – 80, 181; Weather Trouble 177 – 8,179,180
4 Oblivion: Elder Scrolls IV 64 湮没:上古卷轴 IV
open worlds 88 – 9,91 开放世界
openings 141 – 2 序幕
operant conditioning 68 操作性条件反射
Oppenheimer, Todd 61 托德·奥本海默
outages 26 中断
outcome evaluation 148, 149 – 50, 151, 204,206 – 7 结果评估
overkill 77,81 – 2,83,84 小题大做

P

Paivio, A. 69 派渥
participant roles 74,91 – 3 参与者角色
patches 26 补丁
Peck, Kyle 117 – 18,119 凯尔·派克
perception 29 – 30,32 知觉
performance evaluation 204 – 5,207 绩效评估
performance measurement 101, 102 – 9, 195 – 6,199 – 200,208 绩效测量
persistence 25 – 6,27 持续运转
personnel: assessment decisions 152; 全体人员:评价判断 curriculum design 145 – 6; designers 68 – 9,172,201; development team 170,172 – 5,176,177,181 – 2; independent evaluators 202, 209; laboratory research 194; measurement operations 154 – 5; resources creation 178 – 9; technical support specialists 190, 192,194
physics 75,76 物理学
pilot studies 164 – 5,183 – 4,194,208 – 9 试点研究,试点
placeholder objects 179,182 占位符对象(临时替代物)
platforms 6,14 – 15 平台
portable game systems 6 便携游戏系统
Preskill, H. 197,204,205,209 普瑞斯·基尔
problems: authenticity 125 – 7; 问题:真实性 cur riculum design 132 – 4; identification of 121,124
procedural generation 89 过程性生成
product viability 205 – 6 产品生命力
production 81,84 – 5 生产
productivity 206 生产力
programming 181 – 2; 编程 MOOSE Crossing 9 – 10; programmers 173,174, 176,182

Q

quality standards 198 – 9,207 质量标准
Quest Atlantis 13,17 探索亚特兰蒂斯
quest descriptions 143 探索任务描述

R

reliability 99 – 101,164,165,195 信度
representative avatars 38 代表性化身
research environments 189,193 – 4,198, 207 研究环境
resources creation 178 – 9 资源的创建
resources gathering 177 – 8 资源的收集
resources listing 176 – 7 资源列表
revisions 183,184 修正
rewards 143 – 4 奖励
River City 11 – 13,17,62 – 3,126; 江城(一款教育虚拟世界) behaviorism 69; guided constructivism 66 – 7; situated learning 64 – 5; socio-constructivism 67
role-playing games (RPGs) 7,64 角色扮演游戏
rules 143 – 4 规则
runtime population 28,29 运行时对象群体

S

"sandbox mode" 89 "沙盒模型"

SAVE Science 13 - 14,15,99,131 - 2；拯救科学(一款教育虚拟世界) Weather Trouble 132 - 46,170 - 84
scaffolding 50,66,87,88 脚手架
science：River City 11,12,62 - 3,64 - 5,67；科学:江城(一款教育虚拟世界) SAVE Science 13 - 4,99,131 - 2；state standards 137
scripts 20，22 - 3；脚本 edge of the world 31；nested worlds 35；populating the world 28 - 9
SCUBA diving 91 - 3 SCUBA 潜水
Second Life 172,185 第二人生
self-reports 200,202 自我报告
semaphore signaling system 107 - 8 旗语信号系统
Sensorama 7 - 8 (体验剧场)
server-based worlds 25 - 6 基于服务器的世界
signs 104 - 5,107 - 8 符号
simulation：flight 48,83,84；模拟器:飞行 fully immersive 4 - 5
single-player virtual worlds 7 单玩家虚拟世界
situated learning 63 - 5,118,121 情境学习
skills 7 技能
Skinner，B. F. 68 斯金纳
skydomes 33 天空穹庐
SmartDraw 141,147 (一款绘图软件)
smartphones 6,15 智能手机
socio-constructivism 67,124 社会建构主义
sound issues 4 - 5,38 - 9 声音问题
standards 137,190,195 - 6,198 - 9,206 - 7 标准
stimulation 197,198 - 9,207 刺激
storyboards 144 - 5,146 故事板
students，collaboration with 173 学生，合作
subject domain 74,75 - 7,113 科目领域
summative evaluation 195,203 - 10,211 总结性评价
support systems 192 - 3 支持系统
SURGE project 75,76 SURGE 项目(一款教育虚拟世界)
Swink，S. 197 赛维克
symbols 104 - 5,107 - 8 符号
synthesis of data 195 - 6,201,208 - 9 数据综合

T

table read 175 - 6 圆桌阅读
Taiga curriculum 13 Taiga(北方针叶林)课程
tangential routes 89 - 91 切向路线
task descriptions 143 任务描述
technical support specialists 190,192,194 技术支持专家
technology：advances in 27；技术:发展 as tool for learning 6 I
teleportation 30,54,55,76 传送
terrain 20,28,31 陆地
testing：alpha’ 182 - 3,188,191；测试：αbeta 188 - 9,191
text-based worlds 8 - 9 基于文本的世界
text chat 123,125 文字聊天
third-person virtual worlds 6,29 第三人称虚拟世界
3D modelers 173 - 4,176,182 3D 模型
time 25,120；时间 assessment decisions 158；travel through 76 - 7
timeline for curriculum design 145 - 6 课程设计的时间表
tools 120 - 1,125,126,127 工具
topography 20 地势形态
transitions between worlds 36 - 7 世界间过渡
transportation 52,53,54 传输模式
TreeFinder example 49 - 56 寻找树木实

例
Trollip, S, 131 特罗利普
TurboSquid 174 （3D 对象数字化资料库）
2D multimedia 57,70,71,75 2D 多媒体

U

Unity game engine 171－2,173,174,178,180,185,186 Unity 游戏引擎
updates 26,27 更新
usability 196－7,198－9 可用性
user experience（UX）155,212；用户体验 criteria of merit 196－8,203－4；data collection 202； data synthesis and judgment 201；impact evaluation 207；performance measurement 200，standards 198－9
utility 196,198－9 实用性
UX see user experience 用户体验

V

validity 99－101,164,165,207 效度
value 197,198－9 价值性
virtual reality 4－5 虚拟现实
virtual worlds：brief history of 7－14；虚拟世界：简明历史 computer-based environment 5－6；critiquing 117－29；definition of 3－4,5,14；development of 169－86； evaluation of 149－50；exploring 6； see also Graphical User Interface；the world
virtual-world builders 173 虚拟世界建造者
Visio 141,147 （矢量绘图软件）
visual signaling 107－8,177 视觉信号
"voice chat" programs 39,40,123,125 "语音聊天"程序
VOIP（Voice Over Internet Protocol）39 基于因特网协议的语音传输

W

Wilson, Brent 117－18,119 布伦特・威尔逊
the world 18－41；世界 atmosphere 20－1,28； construction of 27－9；description of 138－9；edge of 31－3；GUI interaction with 49－56；locally-based worlds 26－7；multiple worlds 34－7；navigation 30－1； perception of 29－30,32；performance measurement 101,102－9；server-based worlds 25－6；technological advances 27；terrain 20,28,31；world instances 37－8；see also objects；scripts；virtual worlds
world instances 37－8 世界实例
Weather Trouble 132－46, 170－84 （SAVE Science 虚拟世界中的一个模块）
Whyville 10－11,17,123,129,144 （虚拟世界的名字）

X

Xmind 141,147 （思维导图软件）

图书在版编目(CIP)数据

设计用于学习的虚拟世界/(美)尼尔森,(美)厄兰德森著;
徐光涛等译. —上海:华东师范大学出版社,2015.1
(教育技术的跨学科之路译丛)
ISBN 978-7-5675-2968-7

Ⅰ.①设… Ⅱ.①尼…②厄…③徐… Ⅲ.①网络教学
Ⅳ.①G434

中国版本图书馆 CIP 数据核字(2015)第 012960 号

教育技术的跨学科之路译丛
设计用于学习的虚拟世界

著　　者　[美]布莱恩·尼尔森　本杰明·厄兰德森
译　　者　徐光涛　等
审　　校　任友群
策划编辑　彭呈军
审读编辑　马利红
责任校对　王丽平
装帧设计　陈军荣

出版发行　华东师范大学出版社
社　　址　上海市中山北路 3663 号　邮编 200062
网　　址　www.ecnupress.com.cn
电　　话　021-60821666　行政传真 021-62572105
客服电话　021-62865537　门市(邮购)电话 021-62869887
地　　址　上海市中山北路 3663 号华东师范大学校内先锋路口
网　　店　http://hdsdcbs.tmall.com

印 刷 者　常熟高专印刷有限公司
开　　本　787×1092　16 开
印　　张　14.5
字　　数　217 千字
版　　次　2015 年 7 月第 1 版
印　　次　2015 年 7 月第 1 次
书　　号　ISBN 978-7-5675-2968-7/G·7869
定　　价　29.80 元

出 版 人　王　焰